FORMAÇÃO AO ALCANCE DE UM CLIQUE

Pina Riccieri

FORMAÇÃO AO ALCANCE DE UM CLIQUE

Comunicação digital:
desafios e oportunidades

Dados Internacionais de Catalogação na Publicação (CIP)
(Câmara Brasileira do Livro, SP, Brasil)

> Riccieri, Pina
> Formação ao alcance de um clique : comunicação digital : desafios e oportunidades / Pina Riccieri ; tradução Cacilda Rainho Ferrante. – São Paulo : Paulinas, 2012. – (Coleção tendas)
>
> Título original: Formazione a portata di click
> ISBN 978-85-356-3177-7
>
> 1. Ambiente da vida religiosa   2. Comunicação digital   3. Internet (Rede de computadores) na educação   4. Religiosos - Formação   5. Tecnologia da informação e da comunicação   I. Título.   II. Série.
>
> 12-05223   CDD-253.207

Índice para catálogo sistemático:
1. Comunicação e magistério da Igreja na era digital : Religiosos : Formação : Teologia pastoral   253.207

Título original da obra: *Formazione a portata di click: comunicazione digitale e santificazione della mente*
©Paoline Editoriale Libri. Figlie di San Paolo. Via Francesco Albani, 21 - 20149 Milano - Italia

1ª edição – 2012

Direção-geral: *Bernadete Boff*
Editora responsável: *Vera Ivanise Bombonatto*
Tradução: *Cacilda Rainho Ferrante*
Copidesque: *Cirano Dias Pelin*
Coordenação de revisão: *Marina Mendonça*
Revisão: *Ruth Mitzuie Kluska*
Assistente de arte: *Ana Karina Rodrigues Caetano*
Gerente de produção: *Felício Calegaro Neto*
Projeto gráfico: *Manuel Rebelato Miramontes*

Nenhuma parte desta obra poderá ser reproduzida ou transmitida por qualquer forma e/ou quaisquer meios (eletrônico ou mecânico, incluindo fotocópia e gravação) ou arquivada em qualquer sistema ou banco de dados sem permissão escrita da Editora. Direitos reservados.

Paulinas
Rua Dona Inácia Uchoa, 62
04110-020 – São Paulo – SP (Brasil)
Tel.: (11) 2125-3500
http://www.paulinas.org.br – editora@paulinas.com.br
Telemarketing e SAC: 0800-7010081
© Pia Sociedade Filhas de São Paulo – São Paulo, 2012

Sumário

Apresentação 7
Introdução 13
A FORMAÇÃO NA VIDA CONSAGRADA:
DESAFIOS E PERSPECTIVAS 19
    As mudanças socioculturais 20
    A gestão da mudança 24
    A formação: visão do todo 29
    Novos cenários da vida consagrada 32
    Tempo de fé renovada para a vida consagrada 37
    O processo dinâmico e complexo da formação 40
    A formação permanente:
    compromisso de desenvolvimento contínuo 45
    O papel do formador: atribuições e exigências 53

A COMUNICAÇÃO DIGITAL:
UM DESAFIO PARA A FORMAÇÃO 59
    Comunicação e Magistério da Igreja na era digital 60
        Mass media e Igreja: uma sinergia crescente 61
        De "instrumentos" a "cultura" 64
    Internet: novo ambiente para a formação 70
        A Rede: de possível cilada a recurso de formação 76
        A influência das mídias na formação 80
    A pedagogia das mídias: um quadro de referência 87
    A educação nas mídias e a formação 90

Os formadores e as inovações tecnológicas................ 95
    Os formadores na era digital.................................... 96
    A formação dos formadores...................................... 102
    Ciberespaço e trajetos formativos emergentes.............. 106
        Promover a formação da identidade pessoal............ 107
        Formar para a liberdade e a responsabilidade.......... 111
        Promover a experiência permanente
        de discernimento... 116
        Identificar novas formas
        de transmissão de conteúdos................................ 120

Podcasting e a "santificação da mente"....................... 127
    O *podcasting*, instrumento de formação para a mente..... 128
    A mente e as novas tecnologias................................ 132
    A "santificação da mente" no pensamento
    do Padre Tiago Alberione.. 136
    Uma mente santificada na era digital........................ 139
    O *podcasting* para comunicar e usufruir os
    conteúdos: uma modalidade formativa...................... 143
    Em direção ao futuro.. 146

Conclusão.. 151

Bibliografia... 158

Publicações da autora.. 159

Siglas

CM – *Comunicazione e Missione*
ECS – *Ética nas Comunicações Sociais*
EN – *Evangelii Nutiandi*
GS – *Gaudium et Spes*
PC - *Partir de Cristo*
VC – *Vita Consecrata*

Apresentação

Formação ao alcance de um clique. Comunicação digital: desafios e oportunidades é um título que desperta curiosidade e interesse não somente nos profissionais da área, mas também num público mais vasto de leitores, que, se de um lado é atraído pela palavra *formação*, no mesmo instante pode ser capturado pelo termo *comunicação digital*, estranhamente associado à "santificação da mente". Não se trata de uma chamada de efeito. O livro de Pina Riccieri, irmã paulina, portanto "comunicadora" por vocação, trata de um tema muito atual, e também crucial, talvez "espinhoso", para a formação no âmbito da vida consagrada. Como formar atualmente na era da web sem perder nada do patrimônio da práxis e da transmissão cultural herdado de séculos de experiência formadora vivida por gerações e gerações de religiosos e religiosas? Quais os desafios colocados para a formação pela globalização e as novas tecnologias de comunicação? Quais as implicações nos processos de desenvolvimento das pessoas e nos cursos formativos das instituições e congregações religiosas? Como enfrentar as novas exigências formativas resultantes não somente das mudanças culturais, históricas e sociais, mas sobretudo dos próprios jovens, gerações agora já originalmente digitais?

A resposta a essas e a muitas outras perguntas num livro que, ao abordar um tema já por si só bastante amplo e complexo, fotografa a realidade de maneira nítida, enriquecido pela voz dos especialistas das diversas áreas. Todavia, o tema da formação para a vida consagrada está delimitado e relacionado com a problemática das novas tecnologias comunicativas para verificar sua influência tanto nos processos de aprendizagem quanto na aquisição das competências chamadas "transversais" que são exigidas pela vocação/missão específica de quem é chamado a seguir Cristo e a comunicar seu Evangelho hoje em dia.

O foco da obra toda é a hipótese de que o dever de conhecer e valorizar a comunicação com suas inovações tecnológicas constitui uma exigência urgente para se enfrentar os novos modelos de aprendizagem e de formação, principalmente a intelectual, que surge do atual contexto digital e que exige usuários críticos e indivíduos livres e responsáveis, capazes de interagir com a mídia, tornando-se até mesmo "apóstolos digitais".

De fato, a formação, que se encontra hoje numa guinada cultural de proporções "inéditas" e de certo modo "imprevisíveis", necessita em primeiro lugar de uma reconsideração e de uma reorganização dos modelos formadores que são confrontados continuamente com as instâncias culturais e as novas perguntas/necessidades formativas das pessoas e das comunidades. Daí a necessidade de confrontar os fenômenos e os processos culturais presentes na sociedade atual, cada vez mais complexa e globalizada, com a sociedade digital que já se tornou, agora, "o contexto" dentro do qual as novas gerações constroem sua identidade pessoal, social e vocacional, a fim de identificar estratégias formativas adequadas para promover o amadurecimento integral do indivíduo e os possíveis planos de estudo a serem executados internamente nas instituições formadoras.

A autora descreve e interpreta oportunidades e desafios na formação para a vida religiosa *nos tempos da internet*. Página após página, ela focaliza coordenadas de pensamento, paradigmas interpretativos do fenômeno comunicativo, instrumentos tecnológicos que mudaram profundamente os hábitos, linguagens, comportamentos, mentalidades, relações e processos de aprendizagem, identidade e pertencimento, sem esquecer as avaliações de caráter ético, de valor pedagógico, que são frequentemente negligenciados nas pesquisas sobre o *mundo virtual*, no qual as novas gerações passam a maior parte do tempo.

A partir do conhecimento perspicaz de que as transformações em andamento no âmbito das comunicações estão orientando o fluxo das grandes mudanças culturais e sociais, a autora ressalta com vigor que o evento comunicativo está influenciando profundamente também os processos formativos. Nesse sentido se coloca como recurso, mas também desafio, aos modelos de formação do passado, quando poderia ao mesmo tempo se apresentar como ameaça por seus efeitos ainda incertos e imprevisíveis.

É impressionante sua leitura positiva e propositiva do fenômeno comunicativo, da Rede internet e das novas tecnologias de comunicação, não obstante a clara consciência das potencialidades e também dos limites e dos riscos. E o convite para o uso correto da Rede e das novas tecnologias, do espaço proporcionado pela *comunicação virtual*, repercute especialmente com relação ao ambiente da vida religiosa, que certamente não se mostra alheio à utilização das inovações tecnológicas e dos canais de mídia.

A comunicação digital traz desafios "inéditos" para a formação que não devem ser considerados necessariamente como uma "ameaça", mas que devem ser enfrentados com realismo e discernimento.

Com o fim de identificar os contornos de uma formação que dialogue com as novas tecnologias, é admirável a tentativa da autora de evidenciar quais poderiam ser os planos de desenvolvimento a serem estimulados para que as pessoas, principalmente os jovens e os jovens em formação, já agora cada vez mais "nativos digitais", possam aproximar-se, e usar, de modo crítico, amadurecido e responsável dos novos instrumentos digitais. Daí a urgência de formar os formadores e as formadoras com uma visão e pensamentos positivos para que possam abordar com serenidade e competência as mídias e saber gerenciar com equilíbrio as inovações tecnológicas sem cair em armadilhas de formas de dependência ou riscos – de qualquer maneira comuns aos nativos digitalizados – de interações parciais, construindo uma falsa imagem de si mesmo e da realidade dos outros, mascarando a própria identidade no jogo de relações cada vez mais virtuais.

É particularmente interessante e repleta de estímulos para o futuro da formação e da vida consagrada a necessidade de uma séria reflexão sobre a problemática e os desafios da formação intelectual, que hoje deveria ser mais forte e constantemente atualizada, baseada em planos de estudos íntegros para amadurecer e cultivar a capacidade de reflexão, de julgamento e de confronto crítico com a realidade, principalmente na atual sociedade da informação e do conhecimento, sempre mais complexa e em contínua mudança.

À pergunta "como integrar a multimídia e os trajetos formativos?" a autora responde na última parte do livro, na qual propõe uma reflexão sobre a "santificação da mente" contextualizada no pensamento de Padre Tiago Alberione, fundador da Família Paulina, a fim de verificar como seria possível usar um instrumento digital, o *podcast*, para a transmissão e assimilação de conteúdos formativos. Essa reflexão é embasada por uma pesquisa de caráter exploratório, sem nenhuma pretensão de generalização, com o propósito de completar e enriquecer as intuições a respeito da possibilidade de comunicar e usufruir conteúdos formativos, tendo a virtude de dar início e propor um modelo de pesquisa qualitativa possível também com instrumentos "pobres", isto é: não sofisticados, para os formadores e as formadoras que atuam no campo.

Portanto, abrem-se novas perspectivas futuras para que a Rede se torne cada vez mais, como já previa João Paulo II no documento *Partir de Cristo*, um "campo apostólico novo e estratégico" (n. 39), para um compromisso cultural renovado que promova o diálogo entre a mentalidade contemporânea e a fé, favorecendo uma evangelização da cultura como um serviço para a verdade.

Uma leitura "para saber mais", para definir e compartilhar acordos em família, sob o signo de uma nova responsabilidade, entre tradição e inovação.

A Web 2.0 é antes de tudo socialização, por isso mesmo um ambiente em que é possível viver um novo humanismo, inaugurando aqui também "comunidades" que sejam casa-escola de comunhão, laboratório e agenda de esperança, lugar de beleza e autenticidade. Uma Rede que tem necessidade do *ser* autêntica e responsável por todos e cada um.

Como? Fornecendo qualidade à comunicação; superando a banalidade na linguagem, nos conteúdos; com uma "escuta ativa" para acolher o outro e a sua palavra/Palavra; deixando-se interpelar pelas histórias e narrações cruzadas, colocando *uma alternativa ao zapping e ao ataque e fuga* interativo dos relacionamentos e das amizades, mesmo on-line, discernindo com sabedoria os "sinais dos tempos"; "pensando" nos problemas do mundo, compromissados com a justiça, a paz, a solidariedade.

Porque a verdade do Evangelho, o anúncio da Boa-Nova e a autenticidade do testemunho nascem do encontro com um Tu que sempre nos alcança, toca nossa vida e lhe dá sentido, torna-a uma aventura inimaginável no dom concedido e recebido.

É nas linhas interconectadas e nos espaços mutantes da rede social que "o meu próximo", sobretudo se nasceu digital, nômade e navegador, é encontrado e escutado, aceitando-se as formas de uma comunicação às vezes impossível de captar devido à expressão e aos significados que exerce.

Uma pesquisa recente da Universidade Católica de Milão descobriu que os "nativos digitais" estão ávidos por relacionamentos e nada indiferentes à dimensão religiosa e ao transcendente.

Somos chamados a interceptar em nosso *estar on-line* a invocação de encontrar um *tu* (e também o Tu) que tenha iniciado o contato, que desperte e conceda plenitude à humanidade e à alteridade.

Interlocutores e interlocutoras confiáveis para abrir estradas e caminhos, para ser companheiro(a) de viagem e acompanhar o reconhecimento das vozes e da Voz, para ser *epifania* do amor, permitindo "fazer uma pausa" junto a Deus e seu povo. Dentro e fora do continente digital.

Irmã Pina Del Core
Diretora da Pontifícia Faculdade de
Ciências da Educação "Auxilium"

Introdução

As páginas da história que caracterizam o fim do segundo milênio e o início do novo apresentam-se repletas de mudanças profundas, radicais e velozes, para todas as idades e em todas as latitudes, em virtude da evolução tecnológica em andamento e da ampla difusão da Rede nas várias classes sociais. Como afirma Patricia Wallace: "[...] da total obscuridade a internet rapidamente se insinuou em nossa vida",[1] e tornou-se a arena em que se manifesta grande parte do agir humano em suas conotações socioemocionais, da qual ninguém pode prescindir.

O crescimento exponencial e irrefreável da web, isto é: a Rede internet, provocou uma modificação nos estilos de vida, nos processos de construção do conhecimento, das próprias necessidades e expectativas da humanidade atual. O surgimento do sedutor mundo digital originou uma alteração nos relacionamentos cotidianos, no modo de pensar e de sentir, nas trocas econômicas em escala global e local, na práxis política e religiosa, nas expressões lúdicas e recreativas, nas formas de conhecimento e da transmissão do saber.

A difusão eletrônica criou uma rede planetária invisível em que todos estão não só enredados, mas principalmente convocados a remodelar as categorias conceituais agora já testadas no tempo pela tradição sociológica e política, como as de identidade, pertencimento, fidelidade, memória, verdade, saber, afetividade, sexualidade, planejamento. Tudo isso produziu mudanças profundas e até previsíveis nos comportamentos reais, individuais e sociais: fragmentação da identidade, incerteza existencial, individualismo, pragmatismo,

---

[1] WALLACE, P. *La psicologia di internet.* Milano: Raffaello Cortina, 2000. p. 1

nomadismo, mobilidade social, precariedade de projetos, relativismo de conclusões, organização diferente do pensamento e da linguagem, do tempo e do espaço, enfraquecimento da memória, redução e, às vezes, até cancelamento da concentração e da capacidade reflexiva, intercambiabilidade entre verdadeiro e falso.

Em cada esfera de nossa atividade humana e da vivência social estabelece-se uma verdadeira revolução digital, ou seja: aquele processo de transformação que reveste cada aspecto da vida, fruto da interação complexa de necessidades sentidas pelas pessoas, pressões políticas e competitivas, inovações sociais e tecnológicas. Com a *digitalização da mídia*, que envolve a compreensão rápida de dados com a consequente facilidade de sua transmissão e recebimento de alta qualidade, e com a ampla e sempre renovada oferta multimídia, criou-se, de forma quase imperceptível, mas verdadeiro e real, um novo ambiente de vida. Cada um de nós é uma sua parcela viva, imerso inevitavelmente como espectador ou consumidor, até mesmo protagonista, com o próprio direito irrenunciável de autodeterminação e com a possibilidade não só de usufruir a positividade, mas também de produzir informações e conhecimentos para compartilhá-los com os outros.

Na origem da transformação contínua e incessante encontra-se o novo modelo da comunicação digital que se impôs depois da expansão da internet. Ele implica a passagem de um processo comunicativo linear e sequencial, no qual o emissor está no centro do sistema de comunicação, enquanto o receptor ocupa um papel passivo, para um processo comunicativo no qual quem recebe está no centro desse processo com a possibilidade de tornar-se, por sua vez, transmissor ou emissor. Esse fenômeno promoveu a criação de um contexto existencial novo e inédito, em que a ação da pessoa tem um caráter dinâmico e ativo na construção dos conhecimentos e competências.

O novo modelo comunicativo potencializa a atividade cognitiva, transforma os contextos, isto é: os ambientes, os hábitos e os métodos em que a aprendizagem, a transmissão da cultura e do saber se localizam, descortina espaços de informações, interações múltiplas e diversificadas, liberdade de expressão e também de perigo até então desconhecidos. Através da internet qualquer um pode acessar velozmente informações de qualquer lugar no planeta, pode criar o próprio palimpsesto ou esquema personalizado de comunicação, pode expressar opiniões ou participar de inumeráveis fóruns e debates que se iniciam em qualquer lugar da Rede. Assim, caem por terra muitas barreiras de controle e de influência social. Descerram-se novas fronteiras, que para serem transpostas precisam de linguagens mais adequadas à sensibilidade e cultura de nossos contemporâneos para conhecer, acolher e comunicar a verdade do Evangelho no espaço dilatado da web.

Todas essas possibilidades interpelam com vigor renovado a sociedade, a Igreja e também a vida consagrada na própria tarefa formativa para um percurso de novidades na vida que exige tempos e formas novas também para anunciar a fé.

Compreende-se com crescente evidência que o evento comunicativo influencia profundamente os processos formativos: coloca-se como recurso, mas também desafia as formas do passado e, ao mesmo tempo, ameaça com seus resultados ainda incertos e imprevisíveis.

É preciso repensar a formação em qualquer nível com relação às tecnologias digitais para uma sua possível sinergia no trajeto dinâmico do desenvolvimento humano e religioso que se estende por toda a vida. A reflexão, o estudo e o aprofundamento não são um luxo. São, certamente, uma obrigação para poder habitar os tempos em que se vive e fazer parte da sociedade digital, sendo como o sal que dá sabor e a luz para irradiar o esplendor do Evangelho.

O ambiente da vida religiosa não está alheio com relação a tudo que diz respeito ao uso das inovações tecnológicas e dos canais midiáticos. Muitos os usam com proveito nas várias atividades apostólicas, na animação vocacional, nas várias formas de comunicação interna ou externa da instituição religiosa. Para outros o uso da mídia se apresenta como um imperativo, levando em conta as próprias finalidades apostólicas que colocam no centro do carisma a evangelização no mundo da comunicação. Na realidade, as tecnologias comunicativas desempenham um papel importante para a quase totalidade das instituições religiosas. A partir de tal conhecimento, surgem algumas perguntas com relação a uma estratégia formativa adequada: o que significa hoje formar as novas gerações que provêm da sociedade digital? Como integrar o uso dos novos dispositivos eletrônicos na formação para a vida consagrada? Quais as vantagens e os limites da utilização das novas tecnologias no curso formativo da vida religiosa? Como adaptar os formadores e as formadoras às novas atribuições educativas que as mídias digitais revelam? Como assumir e valorizar as novas tecnologias para a transmissão de conteúdos formativos?

À luz dessas perguntas e do novo contexto sociotecnológico em que estamos mergulhados, nestas páginas trataremos da *formação para a vida consagrada* e a *web*, um binômio de atualidade imediata aferível para evidenciar os limites e as oportunidades que se criam não só na vivência social, mas também no âmbito da vida religiosa.

De fato, falar de *formação nos tempos da web* significa reconhecer que podem existir novos modos de pensar a formação, talvez de integrar nas estratégias tradicionais, e propor novas oportunidades de formação que as novas tecnologias podem proporcionar às gerações dos religiosos e das religiosas do terceiro milênio.

No último capítulo é abordado o tema na sua aplicação metodológica através de uma breve pesquisa exploratória sobre o uso do *podcasting* como instrumento de formação, realizada com um grupo de jovens consagrados. Tal modalidade é apenas um exemplo de como a comunicação deveria fazer parte do currículo formativo não só como conteúdo cognitivo, mas também presente no curso da formação inicial ou permanente como estratégia participativa e interativa. Com tal experiência no campo, o objetivo foi aquele de pôr à prova a validade da transmissão e do compartilhamento dos conteúdos formativos através de um dispositivo móvel, um leitor de MP3, que possibilita registrar e distribuir sob a forma de áudio ou vídeo lições ou testes, seminários e conferências, denominados *podcast*. Daí se origina o nome do sistema de gravação utilizado, isto é: *podcasting*.

Esse instrumento específico possui um forte valor pedagógico porque permite produzir agilmente recursos digitais e compartilhá-los com facilidade na Rede. O *podcasting* admite o uso de múltiplas linguagens comunicativas e múltiplas representações. Dessa forma, promove o conhecimento e a aprendizagem de diversos pontos de vista. Além disso, apresenta implicações sociorrelacionais positivas na fase da montagem porque promove a interação com mais pessoas do mesmo grupo de pertencimento, admite utilizar a experiência de todos os membros do grupo, isto é, a valorização das competências e das características de cada pessoa, embora respeitando suas individualidades.

O interesse por este tema surge menos dos vários conhecimentos e competências adquiridos com o tempo e mais de minha experiência pessoal como formadora de jovens gerações nas diversas etapas. Torna-se bastante urgente adaptar os cursos formativos ao dia de hoje, conscientes dos desafios em andamento provenientes do mundo das comunicações para promover e motivar o uso crítico e responsável das mídias.

Com este trabalho desejo oferecer uma contribuição de reflexão e experiência para os muitos formadores e formadoras que procuram cotidianamente renovar o modo de efetivar a formação num contexto em que as tecnologias fazem parte integrante do desenvolvimento e da evolução humana. Claro que não existem respostas nem propostas completas diante das novas instâncias formativas. Todavia, tentei focalizar os desafios e as oportunidades que a introdução das mídias digitais proporciona no trajeto formativo da vida religiosa.

De fato, as mídias não são apenas um novo instrumento a ser usado na formação e não podem substituir a atividade do orientador, mas são tecnologias da mente que possuem uma repercussão fundamental nos sujeitos, nos processos cognitivos e educativos porque constituem um fator social e cultural de desenvolvimento integral e de mudança.

Estou convencida de que as competências tecnológicas dos jovens e das jovens que entram para a vida religiosa podem ser valorizadas no âmbito de sua formação; que as mídias digitais podem potencializar o processo formativo de aprendizagem e contribuir para a formação não somente dos cidadãos digitais, mas também dos *apóstolos digitais*.

Através dessa experiência consolida-se não só a convicção de que a formação para o uso das mídias é necessária e urgente na vida consagrada, mas também que neste ambiente é preciso fazer formações *através* das mídias. Na verdade, é mais do que evidente que o desafio, hoje, é aquele de *formar para a comunicação através da comunicação.*

A FORMAÇÃO NA VIDA CONSAGRADA: DESAFIOS E PERSPECTIVAS

A vida consagrada, com sua história milenar cravejada de eventos e mudanças, é parte viva da humanidade. Inserida no tecido social e eclesial, ela "não desempenhou somente no passado um papel de auxílio e de suporte para a Igreja, mas é um dom precioso e necessário também no presente e para o futuro do Povo de Deus porque pertence intimamente à sua vida, à sua santidade, à sua missão".[1]

A vida consagrada interage intensamente com as situações histórico-culturais da própria época, que, todavia, segundo uma dinâmica de reciprocidade, influem também sobre ela. Mas os novos desafios que devemos enfrentar têm sempre o sabor de apelos, oportunidades, provocações da parte de Deus.

As novas gerações, culturalmente diferentes, que começam a fazer parte de nossas instituições religiosas, introduzem, além da fragilidade e inconsistência próprias de tudo aquilo que se começa, também a possibilidade de regeneração, de criatividade[2] e de novo alimento vital para os carismas fundamentais. No contexto atual, os religiosos e as religiosas com conhecimento, coragem, olho vivo e previdência devem saber "encontrar o modo certo de serem

---

[1] JOÃO PAULO II. Exortação apostólica pós-sinodal *Vita Consecrata*. Cf. n. 3 (doravante VC).

[2] Cf. UNIÃO DOS SUPERIORES-GERAIS [= USG]. *Verso una comunione pluricentrica e interculturale. Implicazioni ecclesiologiche per il governo dei nostri istituti*. Roma, 2000. p. 34.

testemunhos de comunhão e construtores de convivência dentro de uma situação plural e complexa".[3]

A vida consagrada, "por sua inclusão eclesial e presença no mundo", foi confirmada no *Instrumentum laboris* preparado durante o Sínodo dos Bispos para a Vida Consagrada e "sofreu profundas mudanças que não podem ser entendidas senão à luz de tudo que ocorreu nas últimas décadas na Igreja e na sociedade numa época de rápidas transformações que influenciaram fortemente a identidade da vida consagrada e suas orientações apostólicas".[4]

É convicção comum que a complexidade dos fenômenos manifestados possuem inevitável repercussão no mundo religioso; constituem um desafio para uma nova compreensão da vida consagrada, da formação com seus modelos, mas são também ocasião para experimentar uma época de renovada fecundidade e esperança de um *presente que tenha futuro*. A dimensão formativa confirma-se, pois, como estratégia eficaz para controlar a contínua e rápida mudança em andamento que influencia não somente as novas gerações, mas ainda mais os usuários adultos. Em nossa época a própria formação ressente-se dessa mudança de destinatários, que, em geral, apresentam-se numa idade mais madura, com algumas exceções.

Não pretendemos nem presumimos coletar todos os elementos que estão em jogo no complexo processo formativo, mas simplesmente indicar aqueles aspectos que são considerados fundamentais no laborioso percurso da formação.

As mudanças socioculturais

Em anos recentes, a sociedade atual, definida "líquida" pelo sociólogo polonês Zygmunt Bauman, traz consigo os sinais de uma época caracterizada pela variabilidade e instabilidade, fatores que geram uma profunda incerteza e, frequentemente, fácil desorientação nas pessoas.

---

[3] Ibid., p. 28.
[4] SÍNODO DOS BISPOS. *La vita consacrata e la sua missione nella Chiesa e nel mondo*. Instrumentum laboris. Città del Vaticano, 1994. p. 14.

Falar de liquidez no atual panorama sociocultural significa afirmar que os significados, as normas e os valores do capital social não representam mais um sistema harmônico e identificável, mas comportam-se como muitas realidades quase totalmente separadas e móveis. É como se a temperatura cultural tenha subido, causando a difusão da desordem, da incerteza, da fragmentariedade.[5] Mas a chamada liquidez não se impôs de repente, não é resultado de uma mudança repentina; ela afunda suas raízes nas alterações desencadeadas pelos movimentos mundiais dos grandes capitais, do poder político e da evolução dos meios de comunicação que determinaram novos arranjos socioculturais. De fato, as novas tecnologias constituem um novo espaço em que as ideias circulam, o conhecimento abre sempre novos espaços, a atividade cognitiva se prolonga e se potencializa. As modificações a que nos referimos e nas quais estamos vivendo são aquelas ligadas ao novo contexto gerado pelas mídias digitais, contexto que, com o passar do tempo, tem produzido atitudes e comportamentos diferentes na convivência social.

Entre as mudanças acionadas pelo advento do digital examinemos dois aspectos que caracterizam de modo significativo o hoje da história: a grande velocidade e a forte penetração das inovações tecnológicas.

Pode-se afirmar, com Giuseppe Granieri, que nesta época

> a palavra-chave é aceleração. [...] Muitas vezes somos levados a considerar a mudança que estamos vivendo como uma ruptura com o passado, uma guinada repentina. É verdade que o "digital", nome que damos a tudo que está mudando ao nosso redor fazendo referência à natureza que tecnologias e conteúdos têm em comum, é uma mudança descontínua, mas não é, provavelmente, a primeira mudança descontínua que o homem [...] deve enfrentar.[6]

---

[5] Cf. CIROTTO, C. *L'educazione nella società liquida*. Disponível em: <http://www.dialoghi.net/index.php/2009/04/l'educazione-nella-societa-liquida> (todas as referências à web estavam on-line e acessíveis para o público em 30 de abril de 2011).

[6] GRANIERI, G. *Umanità accresciuta. Come la tecnologia ci sta cambiando*. Roma/Bari: Laterza, 2009. p. 6.

A velocidade da mudança amplificada pelas tecnologias digitais restabelece os parâmetros da sociedade e da cultura. Ela muda nosso modo de entender o espaço, o tempo, a identidade, o pertencimento, as relações sociais, a aprendizagem, a formação e a própria vida consagrada. Contudo, muda sobretudo o modo com que o ser humano pensa a si mesmo.

Segundo a socióloga Sherry Turkle, do famoso Instituto de Tecnologia de Massachusetts (MIT), denominada a *antropóloga do ciberespaço*, o computador mudou, os tempos mudaram, nós mudamos. Mas se poderia também dizer: os tempos mudaram, nós mudamos, o computador mudou. De fato, são possíveis seis sequências diferentes. Todas contemporaneamente verdadeiras. Não existe uma simples cadeia de causalidade. Nós fazemos as nossas tecnologias, e as nossas tecnologias nos constroem e aos nossos tempos. As nossas épocas históricas nos formam, nós construímos as nossas máquinas, as nossas máquinas fazem os nossos tempos. Nós nos transformamos nos objetos que fazemos, mas esses se transformam naquilo que nós fazemos deles.[7] Isso comprova ainda outra vez o valor duplo que as tecnologias digitais assumiram: elas modificaram o viver cotidiano e graças à interatividade adquiriram um poder novo sobre nossa vida. Mas também é verdade que através do uso o consumidor modificou as tecnologias digitais. A direção que a mudança parece tomar leva para a realização de um sistema de comunicação aberto a todos em escala global.

A chave interpretativa que pode administrar a mudança social pode ser encontrada na alfabetização digital, isto é: na *difusão dos conhecimentos necessários para o uso dos sistemas digitais*. Sem tais conhecimentos arrisca-se à chamada *digital divide* – disparidade digital – existente entre quem tem acesso às tecnologias digitais e quem está excluído, ficando, assim, à margem da sociedade. O crescimento das oportunidades de conhecimento e aprendizagem não está para todos ao alcance de um clique, principalmente nos países não industrializados e em algumas faixas sociais, como, por exemplo, os mais pobres, os analfabetos, os idosos; mas tornou-se para todos um imperativo preencher a disparidade digital. Todavia,

---

[7] Cf. TURKLE, S. *La vita sullo schermo. Nuove identità e relazioni sociali nel l'epoca di Internet*. Milano: Apogeo, 1997. p. 46.

junto com isso é necessário prestar atenção a um fenômeno ulterior que diz respeito à *overdose cognitiva*, isto é: à superabundância de informações que circulam na web. O crescimento exponencial da quantidade de informações elaborada através da internet pode, então, aumentar as oportunidades para adquirir conhecimentos, mas pode também representar, como afirmou o francês Pierre Lévy, filósofo da cultura virtual, um segundo dilúvio universal, ou *dilúvio informacional*. Cada vez mais se percebe a necessidade de

> saber o que se deve salvar, o que se deve pôr na arca, como deveremos navegar. O problema da navegação no ciberespaço apresenta-se como a navegação da arca no *dilúvio informacional*. É aconselhável estar consciente. Não podemos usar validamente todos esses sistemas se não tivermos instrumentos para orientar-nos e filtrar a informação.[8]

Em última análise, a overdose cognitiva é combatida pela formação do uso crítico e criativo das informações; ele educa a capacidade individual de filtrar e assimilar a informação para transformá-la em conhecimento através de modelos cognitivos que permitem a simplificação da realidade. "Somente quem dispuser de sólidos esquemas interpretativos flutuará no turbilhão da overdose cognitiva. Todos os outros, ao contrário, afundarão debaixo da massa crescente de informações que chegam."[9]

Portanto, a questão deve ser encarada em nível individual e sob o perfil formativo. De fato, o desafio atual para as agências educacionais, como a escola, consiste em admitir a manutenção do próprio papel fundamental de sistematização do conhecimento num ambiente cognitivo cada vez mais caótico e fragmentado, desenvolvendo uma atitude para distinguir as verdadeiras fontes de conhecimento das falsas; as vias certas que conduzem a algum lugar daquelas erradas que só fazem perder energias e tempo precioso.[10]

---

[8] LÉVY, P. *Il diluvio informazionale*. Disponível em: <http://www.emsf.rai.it/aforismi/aforismi.asp?d=248#links>.

[9] EMPOLI, G. da. *Overdose. La società dell'informazione eccessiva*. Venezia: Marsilio, 2002. p. 54.

[10] Cf. Ibid., p. 102-103.

Neste novo contexto cultural torna-se urgente, sobretudo para as novas gerações, além da aquisição de competências digitais, potencializar e apoiar iniciativas informativas que consolidem a dimensão emotivo-relacional, que deve ser espaço de desenvolvimento e de amadurecimento humano.

A gestão da mudança

O desafio corrente, presumivelmente, reside na *governabilidade* da mudança, em sua gestão, a qual, por sua vez, exige, sem sombra de dúvida, alguns cuidados particulares.

Devido à grande velocidade das transformações, que gera uma *temporalidade acelerada*, surge a necessidade de rapidez nas decisões. Qualquer atraso nas ações para intervir é acompanhado de uma perda de governabilidade.

Da penetração invasiva irrompe a necessidade de uma globalidade das intervenções nos diversos setores da sociedade. A ação num só âmbito produz desequilíbrios que dificultam a condução do processo inovador. Essas transformações profundas e muitas vezes incontroláveis na sociedade contemporânea produziram um quadro sociocultural inédito que exige de modo particular dois cuidados voltados para a dimensão *antropológica* e *cognitiva*. As mudanças configuram-se antes de mais nada como uma questão antropológica que deu nascimento a uma nova sociedade e alterou, em parte, o modo de administrar a comunicação e as relações interpessoais. Como ressaltado no *Diretório de Comunicações Sociais*:

> Cada nova linguagem tem uma inevitável repercussão antropológica e social, isto é: condiciona a vida, a mentalidade e as relações das pessoas. Determina o desenvolvimento de atitudes e sensibilidade diferentes: por exemplo, uma maior capacidade intuitiva com relação àquela analítica-sistemática, mas também uma organização lógica diferente do discurso e do pensamento, do tempo e do espaço. Mais radicalmente podemos dizer que as mídias são portadoras de uma nova cultura na medida em que suas modalidades de funcionamento (por exemplo: a capacidade de fornecer informações de qualquer origem ou de criar contatos a distância em tempo real) levam a alterar o relacionamento tradicional com a

realidade e com os outros homens e fazem valer novos paradigmas e modelos de vida.[11]

A Rede, em suas várias expressões, dá-nos prova de ter entendido a necessidade relacional inata em cada pessoa humana e tornou-se um enorme potencial de práticas comunicativas. Mas, se de um lado o *chat*, *Twitter*, *Facebook* oferecem amplas possibilidades de comunicação através de uma nova modalidade relacional capaz de deslocar os confins da própria comunidade até o ciberespaço, anulando, além dos limites geográficos, aqueles temporais, de outro, por trás da facilidade de iniciar contatos na web, percebe-se uma certa superficialidade nas relações. E isso demonstra a ambivalência do mundo on-line.

A esse respeito, Bauman, profundo intérprete da era digital, afirma que

> os laços tornam-se cada vez mais frágeis e voláteis, difíceis de alimentar por períodos prolongados, necessitados de uma vigilância contínua, não confiáveis. As redes tomam o lugar das "estruturas" (de amizade, afinidade, comunidade); a fidelidade/devoção é substituída pelas "conexões" (a própria língua mostra-nos a diferença entre os dois termos: a ideia da conexão – *connection* – segue paralela àquela de desconexão – *disconnection*, enquanto a devoção – *commitment* – não tem um oposto linguístico direto). A deterioração veloz de qualquer competência, conhecimento, mérito acumulado no tempo ("vale tanto quanto seu último sucesso" é a frase característica da sabedoria comezinha da sociedade líquida; porém, dada a cultura líquida moderna do esquecimento, a lembrança do seu último sucesso está destinada a durar bem pouco tempo) e a fragilidade dos laços torna o gelo sobre o qual patinamos sempre mais sutil e perigoso como nunca antes no passado.[12]

Neste cenário parece surgir também uma necessidade de identidade, evidenciada pela veloz difusão da *social network* ou *rede social*. Frequentemente, a internet tem sido vista com desconfiança

---

[11] CONFERÊNCIA EPISCOPAL ITALIANA. *Comunicazione e Missione*. Direttorio sulle Comunicazioni Sociali nella Missione della Chiesa. 2004, n. 11 (doravante CM).
[12] BAUMAN, Z. *Una nuova condizione umana*. Milano: Vita e Pensiero, 2003. p. 67-68.

porque em alguns sites com um clique pode-se ter uma *segunda vida* (ver o mundo virtual em 3D de *Second Life*), uma identidade nova e irreal para quem quiser, ainda que hoje em dia o fenômeno pareça seguir uma tendência oposta. E se por detrás dos velhos chats e velhos fóruns virtuais qualquer um podia esconder-se, ocultando-se num *nickname* [apelido], isto é: num pseudônimo, e numa identidade ideal, por detrás do anonimato e mistério as novas *social network* fazem surgir os verdadeiros semblantes e nomes, histórias, paixões, relações de homens e mulheres reais. Parece aflorar a necessidade de reapossar-se de si mesmo e, talvez, este próprio aspecto seja um dos motivos do sucesso dos sites de encontros. Os álbuns de fotografias do *Facebook* parecem querer reafirmar a presença do sujeito. Os próprios blogs disseminados no universo eletrônico narram histórias, fragmentos de vidas, mesmo insignificantes, que se reservam um espaço de protagonismo.[13]

Mas o digital também coloca em perigo nossa própria identidade pessoal porque corremos o risco de identificarmo-nos primordialmente com a própria imagem virtual, portanto com um verdadeiro isolamento da realidade, com a perda do contato com a experiência relacional não mediada pela tela.

De tais premissas surge um paradoxo da sociedade atual. De fato, aparentemente existe uma "contínua tensão entre a necessidade de socialização do indivíduo e uma prática caracterizada por uma crescente 'associalidade' ('socialização associal')".[14]

Além disso, na Rede, com a visibilidade e a troca dos próprios dados pessoais, está sempre de tocaia o perigo de perder o direito à própria *privacy* [privacidade]. Sem nos esquecermos, porém, de que a tecnologia em si não é inimiga das relações verdadeiras, ao contrário, poderia ser sua melhor aliada. É necessário aprender a integrá-la no contexto da própria vida, o que exige a capacidade de decidir sobre *o que fazer* e *como ficar* na *social network*. As relações humanas, como afirma Antonio Spadaro, não são um simples jogo e precisam de tempos longos e conhecimento direto.

---

[13] Cf. BATTAGLIA, M. *Ragazzi e solitudine*; tra virtuale e bisogno di reale. Disponível em: <http://www.progettouomo.net/content.asp?contentid=2441>.

[14] MUSUMECI, E. *La mutazione antropologica nell'era del "sapere globale"*. Disponível em: <http://www.edizionidedalo.it/site/include/9788822053794_LaSicilia.pdf>.

Ninguém, na vivência hodierna, está dispensado do esforço para construir uma relação profunda e significativa.

As relações mediadas pela Rede – se não têm uma integração na realidade da vida comum, isto é: uma continuação no cotidiano – sempre são e permanecem necessariamente incompletas. Portanto, deve ser superada a demarcação nítida e a contraposição entre a realidade off-line de todos os dias, dos contatos diretos, e aquela mediada pela tecnologia: as duas dimensões são convidadas a harmonizar-se e integrar-se com a maior intensidade possível numa vida de relações plenas e autênticas.[15]

Um ulterior ponto essencial de ter presente no quadro das alterações trazidas pela internet e da gestão das mudanças é aquele relativo ao modo de conhecer e de aprender hoje em dia. A típica estrutura hipertextual da Rede influencia os processos de conhecimento.

Com esse fim, ao se considerar a relação entre o texto tradicional e o hipertexto surgem notáveis diferenças. A leitura de um texto tradicional, como um livro, um artigo de jornal, acontece de forma linear. O olho percorre da esquerda para a direita e depois vai para a linha seguinte, lendo a informação do início ao fim de maneira sequencial. Se não lêssemos desse modo não entenderíamos o significado do texto. O hipertexto, ao contrário, permite-nos uma conexão livre entre informações postas em pontos diversos no mesmo documento e promove uma consulta personalizada, guiada pela lógica do pensamento.

Logo, diversamente do texto tradicional, o hipertexto obriga a uma leitura não sequencial, mas de acordo com os próprios centros de interesse. A presença de *pontos essenciais* (palavras-chave, botão etc.) liga entre si os vários elementos textuais ou polimidiáticos (uma imagem, uma referência sonora etc.) com um simples clique do mouse. Para orientar-se (*navegar*) nesse emaranhado de interconexões, é preciso uma bússola (*mapa*), que se encontra no índice geral dos assuntos tratados.[16]

---

[15] Cf. SPADARO, A. *"Privacy" e "Social Network"*. Disponível em: <http://www.donboscoland.it/articoli/articolo.php?id=125306&stampa=1>.

[16] Cf. AVATO, R. *Testo e Ipertesto*. Disponível em: <http://www.ptaroni.com/iper/ipertest.htm#a2>.

Faz-se com que a linguagem digital transforme a estrutura do pensamento e produza uma mudança relativa em nossa modalidade cognitiva e de expressão, particularmente aquela dos chamados *nativos digitais*, uma "espécie humana" sempre mais em vias de aparecer, caracterizada pelo crescimento e imersão no ambiente telemático. Para essas novas gerações de jovens nascidos depois de 1995, o conhecimento não é mais do tipo linear. Para eles, conhecer, hoje, significa "mergulhar", pois sua modalidade de conhecimento tornou-se simultânea, podendo atingir contemporaneamente diversas fontes de conhecimento, que vão, pouco a pouco, integrando-se uma na outra.

À primeira vista, parece uma modalidade privada de lógica. Na verdade, trata-se de outra forma de aprendizagem em que a abordagem linear foi substituída por uma modalidade de tipo simultâneo. A partir desse novo paradigma cognitivo parece surgir, principalmente nas novas gerações, uma visão fragmentada da realidade, com uma insuficiente capacidade de articulação das linguagens escrita e verbal.

No entanto, essa breve descrição do fenômeno não deve levar a um provável preconceito, mas estimular a pesquisa e a proposição de novos métodos e tecnologias educacionais que permitam atualmente a transferência do saber. É cada vez mais necessário formar o uso crítico da informação e para fazê-lo é preciso

> deslocar-se da aprendizagem para a aprendizagem do aprender. Na verdade, do momento em que grande parte das informações encontra-se on-line exige-se a capacidade de decidir o que procurar, como localizar, como tratar e usar para o fim específico que dirige a pesquisa. Em outras palavras: a nova aprendizagem é orientada para o desenvolvimento da capacidade educativa de transformar as informações em conhecimento e o conhecimento em ação.[17]

Nesse sentido, é preciso educar, principalmente os nativos digitais, para ter também a coragem de desconectar, um gesto que promove a interiorização dos novos *input* de forma que eles

---

[17] CASTELLS, M. *Galassia Internet*. Milano: Feltrinelli, 2002. p. 241-242.

possam tornar-se uma característica de subjetividade individual. A possibilidade de usufruir os espaços de silêncio que deixam saborear de novo o ritmo doce e lento da vida não deveria ser um luxo reservado a poucos, mas um direito garantido a todos.[18]

Toda comunicação autêntica cresce e amadurece no encontro pessoal segundo a lógica de uma relação sensivelmente dialógica e maiêutica. Na verdade, o desafio traduz-se na passagem dialética *da conexão à comunhão* para uma integração genuína e vital entre o espaço digital e o contato humano.

A formação: visão do todo

Os processos de inovação tecnológica, com a expansão maciça das multiformes linguagens digitais, produziram uma mudança radical e profunda ainda em andamento que influenciou não só o mundo da formação religiosa, mas também o mundo civil. Nesse âmbito, continua, ainda, a fazer perguntas precisas e bem definidas. A formação tornou-se agora um imperativo categórico e inequívoco para melhorar a funcionalidade das empresas, o gerenciamento das iniciativas, que sempre exigem maiores competências para responder com eficácia e eficiência às solicitações externas. No âmbito da sociedade civil, principalmente no campo das organizações,

> a formação é uma experiência de aprendizagem, uma dentre muitas, uma das possíveis na idade adulta; esta, diversamente de outras, é uma atividade completada prioritariamente para produzir aprendizagem; é, portanto, um processo organizativo que se entrelaça com o processo de gestão mais amplo e articulado das pessoas que trabalham numa organização.[19]

Nessa perspectiva, fica evidente a mudança no conceito de *formação*. Ela não pode mais ser relegada às fases de instrução tradicional ou entendida somente como um melhoramento no âmbito da tecnologia; deve ser vista também como desenvolvimento

---

[18] Cf. EMPOLI, *Overdose*, p. 106.
[19] AUTERI, E. *Il bisogno di formazione*. Disponível em: <http://www.cestor.it/ar/6auteri.htm>.

adequado e correta valorização dos recursos humanos para aqueles que trabalham nas organizações. Isso implica uma nova configuração da imagem da formação, que outrora era considerada como momento totalmente destacado e anterior ao ingresso no mundo do trabalho. Estamos assistindo a um novo fenômeno, no qual

> o tempo para aprender deve servir sobretudo para *aprender a aprender* e *aprender a trabalhar*; o tempo de trabalhar deve tornar-se também cada vez mais um tempo de aprendizagem dos conhecimentos e das capacidade novas e diferentes necessárias para manter-se atualizado e contribuir não só para o próprio desenvolvimento individual, mas também para a competitividade da organização de pertencimento.[20]

O termo *formação* aproxima-se de algumas noções reconhecíveis em alguns verbos que permitem delinear melhor seu perfil. O verbo *adestrar*, por exemplo, conduz-nos à ideia de "tornar destro, hábil", assim como *amestrar* à de "tornar perito". O verbo *instruir* leva ao aspecto doutrinal, pois proporciona "o saber, a doutrina, a prática". Seu significado, que possui raízes no latim, conduz à ideia de "colocar o material em cima, em pilha". Assim, o termo *instrução* parece estar ligado à adição vertical do saber. Finalmente, o verbo *educar* refere-se ao ato de "conduzir, extrair, carregar, elevar".[21]

A meu ver, a contribuição dos diversos conteúdos já indicados introduz uma ulterior reflexão sobre a formação que deve ser considerada não só como um *conceito,* mas também como um *contexto.* De fato, para ser útil, conceber a formação não só como *ideia determinada* de uma coisa, mas também como um

> conjunto de eventos que caracterizam uma situação particular e influenciam o comportamento dos indivíduos ou, ainda, circunstâncias específicas dentro das quais um acontecimento ou uma

---

[20] Ibid.
[21] Cf. QUAGLINO, G. P. Formazione e persona. In: CHIOSSO, G. (org). *Sperare nell'uomo. Giussani, Morin, MacIntyre e la questione educativa.* Torino: SEI, 2009. p. 61-71 – aqui, p. 61.

ação se situa. [...] uma moldura que, para ficar nesta metáfora artística, invade o quadro e pode alterar as cores, o próprio desenho, ditando as regras do seu mostrar-se, do seu descrever-se e de sua estética. Mas o conteúdo do quadro não sofre isso tudo; pode por sua vez interagir até atingir uma coordenação de ações e de representações satisfatórias para ambos, ele mesmo e a moldura que parece contê-lo.[22]

À luz das atuais inovações tecnológicas que marcaram um novo ambiente de vida e modificaram as relações entre formador e formando, a formação tornou-se também *contexto*, isto é, "local de construção e de co-construção de relações, de reciprocidade educativa entendida como troca e aprofundamento recíproco".[23]

Do ponto de vista dos estudos pedagógicos, outra definição do termo *formação* que nos leva a melhorar a compreensão é a seguinte:

> Formação é um termo polissêmico que conduz também a significados mais amplos e gerais com relação a, por exemplo, a formação do homem e do plano completo de seu crescimento no sentido moral, além do cultural, ou mais específicos e restritos, em que se pretende referir-se a determinados cursos formativos caracterizados por conteúdos e metodologias estritamente derivados de objetivos bem determinados.[24]

Em tal perspectiva, os espaços de intervenção da formação ampliam-se e apontam não só para a construção e desenvolvimento do *saber*, mas também para o *saber ser* e o *saber fazer*, dimensões constitutivas do conceito de competência que é o constante vir a ser.

Segue-se que a formação dos adultos está sempre voltada não para ser um *curso*, apesar de estruturado em termos ativos e de troca, mas um *percurso* formativo que se articula segundo modalidades

---

[22] FABBRI, D. Quale formazione per l'organizzazione? *Studium Educationis* 86 (2/1997) 208-211 – aqui, p. 209.

[23] Ibid.

[24] CUNTI, A. *La formazione in età adulta. Linee evolutive e prospettive di sviluppo*. Napoli: Liguori Editore, 1995. p. 12.

mais flexíveis de desenvolvimento das competências com maior integração entre atividades na sala de aula e experiências cotidianas. Ela é constituída por "métodos e estratégias de pesquisa e de criatividade tendentes à definição de formas de ação, conhecimento e existência congeniais para o vir a ser de todo ser humano".[25]

As novas tecnologias multimídia e interativas ampliam os ambientes de aprendizagem e desvinculam as intervenções formativas do fator *tempo*. Proporcionam a possibilidade de atingir grandes quantidades de usuários ou consumidores e, além disso, de personalizar cada vez mais os cursos formativos[26] também no âmbito da formação para a vida religiosa.

Novos cenários da vida consagrada

"Por que a vida consagrada? Terá um futuro?" Não são perguntas retóricas e muitos as fazem não somente hoje em dia, quando a alteração dos valores e a mudança de mentalidade estão presentes não só na sociedade, mas também na Igreja.

A exortação apostólica *Vita Consecrata* já se fez essas perguntas e as respondeu propondo o ícone de Betânia (n. 104), com o qual reafirma a riqueza de sentido e de fecundidade da vida consagrada quando, estribada em Cristo, retorna às fontes da fé e do carisma com fidelidade criativa, torna-se profecia para restituir visibilidade à própria presença no mundo.

Não se discute que a fonte de renovação está enraizada no conhecimento que ocorre, antes de mais nada, com a força do Espírito, *a partir de Cristo*, o único verdadeiro potencial que permite a construção do Reino de Deus no mundo, com a paixão ardente e a coragem profética de promover e efetivar constantemente escolhas evangélicas capazes de "responder às exigências atuais, sem se afastar da inspiração inicial" (VC, n. 37).

Bento XVI reafirma frequentemente que "aquilo que conta é colocar Jesus Cristo no centro da própria vida, de forma que nossa

---

[25] FABBRI, D. *Formazione come forma di adultità*. Adultità 16 (8/2002) 25-36 – aqui, p. 26.
[26] Cf. AUTERI, *Il bisogno di formazione*.

identidade seja marcada essencialmente pelo encontro, pela comunhão com Cristo e com a sua Palavra".[27] À luz de tal encontro na própria vida cotidiana, o consagrado torna-se *"memória viva da forma de existir e atuar de Jesus*, como Verbo encarnado face ao Pai e aos irmãos" (VC, n. 22).

O fenômeno crescente das novas expressões e formas de vida consagrada dá causa à perplexidade com relação ao futuro, mas, como é repetido pela exortação apostólica, significa que se junta aos precedentes, mas não os substitui (cf. VC, n. 12). De fato, no que diz respeito às formas já existentes, as "várias dificuldades, nascidas da diminuição de pessoal e de iniciativas, *não devem de modo algum fazer perder a confiança na força evangélica da vida consagrada*, que permanecerá sempre atual e operante na Igreja" (VC, n. 63). É necessário distinguir nas diversas formas a sua "eventualidade histórica" (ou destino histórico, ou difusão) e sua missão eclesial: enquanto a primeira pode alterar-se com a mudança das situações, a segunda está destinada a permanecer imutável (cf. VC, 63). Trata-se, pois, de uma perspectiva concreta e verdadeira que remete a uma verdade profunda, segundo a qual

> as novas situações de penúria hão de ser enfrentadas com a serenidade de quem sabe que a cada um é pedido *não tanto o sucesso, como sobretudo o compromisso da fidelidade*. O que se deve absolutamente evitar é a verdadeira derrota da vida consagrada, que não está no declínio numérico, mas no desfalecimento da adesão espiritual ao Senhor e à própria vocação e missão (VC, n. 63).

Na realidade, é necessário repensar a fundo a situação e as atribuições da vida religiosa sem abrandar as exigências do Evangelho com profunda abertura e atenção para com as urgências do mundo que muda. "Através de sua imersão na cultura de que nasce, a vida religiosa mostra as necessidades da sociedade que a circunda, reflete as suas lutas, torna-se o sinal do juízo de seus problemas ou um sinal de decadência devido à sua distância

---

[27] BENTO XVI. *Audiência geral*, 25 de outubro de 2006.

deles."²⁸ O novo contexto planetário em mudança permanente é o produto de diversas características socioculturais que apresentam repercussões inevitáveis também no mundo religioso.

O indivíduo parece contentar-se com um esforço mínimo não por falta de generosidade, mas por temor de investir demais para o benefício de coisas que podem mudar rapidamente. Diante de uma felicidade projetada no futuro, o sujeito prefere pequenos fragmentos de felicidade hoje, *aqui e agora*. A chamada *geração da vida cotidiana* concentrada no presente manifesta, ao lado de valores positivos – como tolerância, realismo, autonomia, capacidade de adaptação –, ansiedade e medo diante de escolhas e, de maneira particular, diante daquelas vinculadoras e definitivas que exigem fidelidade e continuidade. E é difícil que a pessoa possa viver de modo harmônico onde faltam escolhas claras bem objetivadas.

A solidão do *cidadão global* manifesta-se na crise da nação entendida como pertencimento a uma coletividade, e da família. Os vínculos sociais enfraquecem-se e vive-se, como afirma Bauman, numa *sociedade individualizada*, indiferente, onde as "pontes para a imortalidade", ou seja: as nações e a família, desgastaram-se. Surge uma desresponsabilização dos sujeitos e uma espécie de retirada para os próprios egoísmos e satisfações efêmeros e imediatos. No ensaio *Consumo, logo existo*, o famoso pensador coloca em evidência as características que delineiam a passagem da *sociedade de produtores* para a *sociedade de consumidores*.

> Numa sociedade de consumidores, e numa era em que a "política de vida" está substituindo a Política com inicial maiúscula, outrora ostentada com orgulho, o verdadeiro "ciclo econômico", aquele que efetivamente faz a economia ir avante, é o ciclo do "compra, goza e joga fora". O fato de que duas respostas aparentemente contraditórias possam ambas estar certas ao mesmo tempo é precisamente o grande feito conquistado pela sociedade dos consumidores: e, provavelmente, a chave de sua espantosa capacidade de autorreprodução e expansão.²⁹

---

²⁸ CHITTISTER, J. *Il fuoco sotto la cenere. Spiritualità della vita religiosa qui e adesso*. Cinisello Balsamo (MI): San Paolo, 1998. p. 18.

²⁹ BAUMAN, Z. *Consumo, dunque sono*. Roma/Bari: Laterza, 2008. p. 122-123.

Mas aquilo que se consome, afirma o estudioso, é principalmente o desejo e o sonho, do que nasce a sensação de insatisfação e frustração do indivíduo. É este o tempo do *usa e joga fora*, caracterizado pela dispersão e fragmentação. O tormento do narcisismo atinge seu ápice no *ego-surfing* ou *narcisismo digital*. Trata-se de um fenômeno muito difuso na Rede, em que "utilizamos a internet para tornar-nos nós mesmos as notícias, a informação".[30] Parece, entre outras coisas, que tal fenômeno começa a criar verdadeiras patologias, como a chamada *depressão pela ausência* e *exaltação pela presença*.

Numa cultura condicionada pelo subjetivismo, a pergunta dos jovens diante da vida e do futuro resulta *débil*. Aparentemente, o que suscita interesse é constituído pelo privado, pelos desejos e pelas satisfações imediatas e fugazes.

A queda do muro de Berlim, a ruína dos regimes comunistas provocaram o surgimento de particularismos e separatismos anteriormente sufocados. Mesmo naquelas sociedades que há pouco tempo caracterizavam-se por uma grande homogeneidade estão hoje aparecendo ou reaparecendo particularismos étnicos, regionais, linguísticos. Nessa mesma linha pode ser incluído o ressurgir de nacionalismos e racismos. Existe uma tendência cada vez mais acentuada de privilegiar o local em prejuízo do universal. Essa tendência faz surgir toda a riqueza das culturas locais, leva as nações a tomar consciência da própria autonomia e do próprio papel no campo internacional. Mas, em alguns casos, numa instituição religiosa espalhada por vários continentes, tal tendência pode provocar um pouco de embaraço, principalmente na comunicação recíproca, pela revalorização das línguas locais. De fato, a tendência de privilegiar o local pode às vezes penetrar também nas comunidades religiosas crescentemente constituídas por sujeitos provenientes de diversas nações com consequências negativas para a universalidade e a internacionalidade.

A grave situação de pobreza e subdesenvolvimento em muitos países do Sul do planeta constitui um dos problemas mais dramáticos que o período histórico precedente deixou de herança para o novo.

---

[30] KEEN, A. *The Cult of the Amateur*. Disponível em: <http://mentelab.blogspot.com.br/2007_09_01_archive.html>.

Nesses países a situação não melhorou. Ao contrário, algumas vezes até se agravou. É uma situação caracterizada por enormes dívidas externas (que obrigam populações inteiras a ter um baixíssimo nível de vida), por um forte aumento dos fluxos migratórios para os países industrializados, por ajuda fornecida pelos países mais potentes – ajuda que, além de ser modesta, é frequentemente mal investida (por exemplo: para comprar armas) ou que serve para os países doadores financiarem as próprias empresas industriais.

A evolução das tecnologias da comunicação e da Rede internet, tão rápida e envolvente, questiona profundamente a vida religiosa com respeito à sua missão no mundo. A comunicação sofreu uma transformação radical que produziu profundas mudanças no modo de pensar, sentir, relacionar-se e agir. As mídias despejam sobre o indivíduo uma quantidade cada vez maior de dados, em ritmo cada vez mais veloz e com o objetivo principal de fazer surgir novas necessidades na pessoa.

Mesmo a percepção de Deus mudou. A religiosidade é considerada como uma resposta aos próprios desejos, como um atendimento que evita o cansaço e o sofrimento. A difusão das seitas e dos novos movimentos religiosos (especialmente os da *Nova Era*) suscita questionamentos duros e prementes por motivos diversos. Acima de tudo, porque à pergunta profunda sobre o mistério do transcendente é dada uma resposta insuficiente, reduzida aos limites da capacidade humana. Todavia, constata-se uma grande necessidade, muitas vezes tácita, de busca dos verdadeiros valores. E essa demanda de valores autênticos espalhou-se e requer urgentemente respostas, principalmente da Igreja e daqueles que despenderam e/ou despendem a própria vida no anúncio dos valores do Evangelho.

No Congresso Internacional da Vida Consagrada, com o tema "Paixão por Cristo, paixão pela humanidade", realizado em Roma em novembro de 2004, surgiram com vigor alguns aspectos que determinam uma desaceleração, senão um verdadeiro bloqueio, na construção do Reino de Deus: os limites pessoais e comunitários daqueles que compõem as instituições; o progressivo envelhecimento das pessoas e das instituições em alguns países, juntamente com a consistente diminuição dos membros; o aburguesamento gerado por um excessivo interesse pelo conforto e os bens instrumentais;

o envolvimento direto ou indireto em escândalos de fundo sexual e econômico ou em abusos de poder; o medo do futuro que impele a buscar certezas que levam a enrijecer-se, a encerrar-se no próprio pequeno mundo.[31]

Constata-se na sociedade, em razão também da onda mediática que assalta atualmente a Igreja toda, "de um lado uma volta ao gosto e desejo de conhecer este mundo que de certa forma está logo ali depois da sebe, de outro existe alguém que entra de cabeça e tenta pisar não somente nas trilhas que merecem ser percorridas, mas também nos canteiros".[32]

Diante dos bloqueios ou obstáculos que a Igreja vive hoje devido à infidelidade de alguns dos seus (na verdade poucos, comparando-se aos muitos que continuam generosamente dando a vida para a causa do Evangelho, mas sempre demasiados, mesmo que fosse apenas um), a própria vida consagrada deve-se perguntar sobre sua responsabilidade por ter proporcionado muitas vezes um escasso testemunho de doação total a Deus, por ter deixado que se enfraquecesse sua paixão por ele e pela humanidade a ser conduzida para ele. A Igreja e a própria vida religiosa estão vivendo um momento de forte purificação, mas internamente, e não só: está presente e brame um desejo ardente de renovado frescor evangélico que tenha o poder de manter vivo o fascínio indiscutível pela pessoa de Cristo e por sua missão no mundo.

Tempo de fé renovada para a vida consagrada

No horizonte delineado surgem os sinais para um caminho que resulte realmente eficaz para que a vida consagrada tenha um futuro. O que influi de forma convincente em nosso tempo é principalmente um processo profundo e inarredável que subjaz a todo

---

[31] Cf. o documento de trabalho em: VV. AA. *Passione per Cristo, passione per l'umanità*. Congresso Internazionale della Vita Consacrata. Milano: Paoline, 2005. p. 21-65, 38-42.

[32] SALERNO, R. (org.). *Passione per Cristo, passione per l'umanità*. Il Congresso mondiale sulla Vita Consacrata nelle parole di Mons. Gianfranco Ravasi. Disponível em: <http://www.usminazionale.it/interviste/intervista04_12_b.htm>.

o contexto sociocultural: o advento do relativismo. Ele constitui o eixo portador do chamado "pensamento débil" que assume o caráter do indiferentismo, do subjetivismo, do individualismo, da fragmentação etc., com o consequente enfraquecimento dos planos do valor e espiritual.

Na homilia para o início de seu ministério petrino, Bento XVI afirmava:

> A santa inquietação de Cristo deve animar o pastor: para ele importa que muitas pessoas vivam no deserto. E existem tantas formas de deserto. Há o deserto da pobreza, o deserto da fome e da sede, existe o deserto do abandono, da solidão, do amor destruído. Há o deserto da escuridão de Deus, do esvaziamento das almas sem mais consciência da dignidade e do caminho do homem. Os desertos exteriores multiplicam-se no mundo porque os desertos interiores tornaram-se muito amplos. Por isso os tesouros da terra não estão mais a serviço da construção do jardim de Deus, no qual todos podem viver, mas são dominados pelas potências da exploração e da destruição.[33]

Neste clima cultural surge para toda a Igreja e para a vida consagrada uma prioridade: a redescoberta da fé. Chegou a hora em que, declara ainda o papa, é preciso uma fé "adulta", e adulta "não é a fé que segue as ondas da moda e das últimas novidades; adulta e madura é uma fé profundamente enraizada na amizade com Cristo".[34]

O enfraquecimento da fé em parte da sociedade provoca este momento de enfraquecimento da própria vida religiosa.

Muitos afirmam que, tomando de empréstimo uma imagem da natureza, para a vida religiosa estes são *tempos invernais*. A estação do inverno é, aparentemente, um tempo em que a terra dorme, o verde da vegetação está ausente e a esperança é certamente posta à prova. Mas é nessa estação que as raízes escavam

---

[33] BENTO XVI. Homília pronunciada durante a Santa Missa de posse, 24 de abril de 2005.

[34] RATZINGER, J. Homília durante a Missa "pro eligendo Romano Pontifice", 18 de abril de 2005.

em profundidade para garantir a vida e os frutos do futuro.[35] O inverno é, então, um tempo de renovada fé que necessita de um *suplemento de alma* para reforçar as raízes. Nestes anos se afirmou, e ainda se afirma, que o problema "não é aquele da castidade, da pobreza ou da obediência, mas o problema da fé radical. Quando isso for resolvido, todos os outros encontrarão uma solução. Quando falta a fé radical, não existe a possibilidade de dar fundamento à vida religiosa".[36] Aguardar os novos brotos de vida que virão na primavera, ainda que agora o verde, as flores e os frutos estejam invisíveis, exige o exercício corajoso e cotidiano da fé em Cristo que jamais decepciona. Apesar da aparente esterilidade, ou *estação invernal*, também se está à procura de estratégias de renovação e, agora, recorre-se a uma linguagem constituída de expressões tais como "recriação, "revitalização", "recolocação dos carismas", reorganização", "ressignificação", "reformulação". São todas expressões que acentuam uma realidade na vida das congregações religiosas: urge uma mudança que diz respeito a pessoas e estruturas, métodos e objetivos.

Exatamente nessa perspectiva é necessário e urgente que a vida religiosa, sem adiamentos nem reexames, redescubra aquele impulso espiritual e apostólico, aquela força transformadora, aquela energia vital que extrai sua carga da relação contínua com Deus, numa fidelidade sem desistências e com capacidade de retomada que renova a vida e alimenta também a de todos aqueles que encontra ao longo do caminho.

A vida consagrada, para ser verdadeiramente significativa interna e exteriormente, para que tenha capacidade de fascinar e atrair os jovens em busca de ideais elevados pelos quais despender toda a própria vida, deve renovar-se em profundidade nas pessoas e nas obras, sem abatimentos nem concessões; deve ser determinada a encetar nas escolhas de cada dia a via estreita do seguimento de Jesus; deve permanecer aberta em sintonia com os chamamentos da história à novidade do Espírito. Ele sopra onde quer, como quer

---

[35] Cf. MARTÍNEZ DÍEZ, F. *La nuova frontiera. Dal rischio dell'estinzione alla sfida della rifondazione della vita religiosa*. Cinisello Balsamo (MI): San Paolo, 2002. p. 48-51.

[36] Ibid., p. 50.

e quando quer, escancara o coração e a vida na direção de coisas novas, e a sua obra é sempre vitoriosa.

O processo dinâmico e complexo da formação

A formação é e permanece um *capítulo aberto* que exige um sério reexame. É urgente encontrar um perfil cada vez mais adequado às exigências de hoje. Se a educação, segundo a Igreja, é um *fenômeno* inevitável para um futuro de qualidade da vida consagrada no contexto de uma sociedade em contínua e veloz mudança, a garantia de uma sólida, profunda e adequada formação para as novas gerações é um desafio crucial e uma atribuição fundamental.

A época atual, fortemente marcada pela incerteza, precariedade e mobilidade, pede com preponderância e sem adiamentos uma reconsideração e uma reformulação dos cursos formativos para que se possa requalificar a missão evangelizadora das instituições religiosas e da Igreja. Fala-se muitas vezes de uma *necessidade de formação* profunda, eficaz e autêntica. Na verdade, a expressão parece não transmitir elementos que chamem a atenção, a responsabilidade, a operacionalidade. Às vezes, o discurso sobre a formação parece assumir uma dimensão retórica ligada à convicção de que no fundo a pessoa se forma porque cresce em determinados ambientes e recebe conteúdos específicos no tempo que precede a profissão perpétua. As iniciativas formativas reduzem-se, assim, à superfície, não tocam a integralidade da pessoa.

O compromisso para satisfazer esta necessidade não parece provocar uma verdadeira e sentida preocupação e, sobretudo, não leva a criar estratégias operacionais adequadas para a extensão da onda dos tempos modernos. No entanto, todos estão ou se dizem convencidos de que a formação é o canteiro de obras em que se constrói o futuro da sociedade e das instituições. Segue-se que a formação deve tornar-se o *princípio organizador* de todas as áreas e de todos os âmbitos da vida religiosa. Isso implica a necessidade de ressintonizar os conteúdos e métodos da formação inicial e permanente com a nova cultura, que desenvolve novas exigências, novas necessidades prementes de vida comunitária e apostólica, qualquer que seja o carisma da instituição. Como testemunham as numerosas e pertinentes iniciativas do Magistério publicadas nos últimos anos, a Igreja tem dedicado ao tema da formação uma reflexão ampla e aprofundada.

A exortação apostólica *Vita Consecrata* tem a virtude de focalizar a atenção da Igreja no grande dom da vida consagrada e oferece com clareza conteúdos e critérios fundamentais que permanecem ainda *em potencial* para a prática formativa.

Antes de mais nada, reafirma-se nela a ideia da formação como configuração e transformação. Diz o documento, no n. 65:

> *Objetivo central* do caminho de formação é a preparação da pessoa para a consagração total de si mesma a Deus no seguimento de Cristo, ao serviço da missão. [...] A formação deverá, pois, atingir em profundidade a própria pessoa, de tal modo que cada uma das suas atitudes ou gestos, tanto nos momentos importantes como nas circunstâncias ordinárias da vida, possa revelar a sua pertença total e feliz a Deus. Uma vez que o fim da vida consagrada consiste na configuração com o Senhor Jesus e com a sua *oblação total*, para isso sobretudo é que deve apontar a formação. Trata-se de um itinerário de progressiva assimilação dos sentimentos de Cristo para com o Pai.

A formação implica essencialmente uma adesão *conformativa* gradual e progressiva de toda a vida para a pessoa de Cristo. Na formação colocam-se os fundamentos para viver a vida consagrada com plenitude. Ela não se esgota na etapa da formação inicial porque o crescimento da pessoa é progressivo e contínuo, mesmo que às vezes pouco aparente, mas visível pelas escolhas comportamentais. De fato, *Vita Consecrata* prossegue, no n. 68:

> A formação é um processo vital, através do qual a pessoa se converte ao Verbo de Deus até as profundezas do seu ser e, ao mesmo tempo, aprende a arte de procurar os sinais de Deus nas realidades do mundo. Numa época de crescente marginalização dos valores religiosos da cultura, este caminho de formação é duplamente importante: graças a ele, a pessoa consagrada não só pode

continuar a "ver" Deus com os olhos da fé, num mundo que ignora a sua presença, mas consegue também de algum modo tornar "sensível" a presença dele, por meio do testemunho do próprio carisma.

A obtenção da meta de formação não é fruto de um processo simples nem automático. Implica, acima de tudo, o desenvolvimento integral da identidade pessoal, que se estende pelas diversas estações da vida com suas leis e suas etapas e compreende uma comunicação sã com si mesmo, com os outros e com Deus.

Todo processo formativo estimula a participação e a responsabilidade dos diversos protagonistas: o sujeito em formação, que reage mais ou menos livremente à chamada do Senhor; o engajamento ativo e hábil das mediações formativas; e principalmente a ação misteriosa de Deus, que cria e forma continuamente toda pessoa.

Sujeito principal do curso formativo é a *própria pessoa* em seu crescimento integral, que compreende a vida no espírito, a dimensão humana, fraterna, apostólica, cultural, profissional e carismática (cf. VC, n. 71). Isso implica, por parte das congregações, um *investimento* sério na formação. E o *aumento* esperado na realização de um curso formativo deve ter como objetivo não só o desenvolvimento da instituição, mas também a totalidade da pessoa para com a qual a formação coloca-se como modalidade progressiva e gradual de crescimento global. A proposta formativa, portanto, deve mirar a valorização da pessoa inteira, e sua preparação,[37] para permitir aos religiosos terem um papel ativo e qualificado dentro do ambiente em que operam.

João Paulo II, na mensagem aos religiosos do Brasil, escreveu:

> Vós sabeis que a vitalidade das famílias religiosas, a qualidade e a criatividade do serviço apostólico, a eficácia da ação profética dependem em grande parte da formação inicial e permanente dos chamados a missões tão grandes. Sei que é uma vossa preocupação constante. De fato, para assegurar às novas gerações, aos formadores e formadoras e a todos os religiosos e religiosas uma preparação adequada, vós haveis dado vida a muitas formas de cooperação

---

[37] Cf. FASANO, C. *Opera o persona? Un nuovo paradigma organizzativo della vita consacrata*. Milano: Àncora, 2005. p. 105.

e seguido com olhar vigilante as várias iniciativas para seu crescimento e formação específica alcançando a Palavra de Deus atentos aos ensinamentos do Magistério da Igreja e tendo presente a realidade concreta.[38]

Entre as diversas mediações *a comunidade* assume um papel fundamental como local privilegiado de crescimento vocacional. Com base na fé, todos os dias o indivíduo é chamado para construir a vida comunitária de forma amadurecida, sem esquecer de que se trata de uma realidade humana na qual, às vezes, as relações dinâmicas ameaçam a serenidade dos membros. "[...] cada um aprende a viver em fraternidade com aquele que Deus pôs ao seu lado, aceitando as suas características positivas juntamente com as suas diferenças e limitações. De modo particular, aprende a partilhar os dons recebidos para a edificação de todos [...]" (VC, n. 67).

Espera-se dos *formadores* e das *formadoras* uma responsabilidade particular na atividade formativa. De fato, a sabedoria espiritual deve ser integrada e interagir com o devido auxílio dos instrumentos proporcionados pelas ciências humanas. Entre eles o colóquio pessoal – instrumento essencial de formação –, a ser empregado regularmente e com frequência como hábito de eficácia comprovada (cf. VC, n. 66).

Dessa realidade tão variada e complexa que exige atenção e vigilância em diversas frentes derivam algumas dificuldades – provenientes da pessoa em formação e das mediações – que podem ofuscar de forma especial o processo de revitalização da vida consagrada. No curso formativo, às vezes surge um certo vazio de valores humanos e cristãos, a perda ou enfraquecimento do significado da vida consagrada, a carência de uma formação teológica sólida, os conflitos pessoais não resolvidos, o cansaço por assimilar os valores devido a uma demasiada importância dada às coisas a serem feitas e às tarefas a executar, em prejuízo do tempo a ser dedicado à própria vida interior. Arrisca-se a desperdiçar o significado profundo do qual deriva uma identidade vocacional vaga e débil. Nota-se uma dificuldade na integração dos próprios recursos

---

[38] JOÃO PAULO II. Mensagem aos participantes da XIV Assembleia Geral da Conferência dos Religiosos do Brasil, 11 de julho de 1986.

humanos e afetivos que leva inconscientemente a desbaratar energias preciosas ou mesmo estabelecer relações pouco equilibradas. O uso incorreto e irresponsável das mídias, em particular a internet, que conduz a um contínuo empobrecimento existencial, a viver numa triste superficialidade. Às vezes se percebe uma formação *light*, isto é: ligeira, na qual os responsáveis cansam-se por vezes a pedir algum sacrifício ou renúncia às pessoas. A referência não é somente às gerações jovens.

O esforço formativo não encontrará profundidade e firmeza senão a partir de uma experiência renovada de Deus (cf. VC, n. 63). O futuro renovado da vida consagrada passa principalmente pela formação que recupera seu fundamento no

> [...] partir de Cristo, porque dele partiram os primeiros discípulos na Galileia, dele, ao longo da história da Igreja, partiram homens e mulheres de todas as condições e culturas, os quais, consagrados pelo Espírito à força do chamado recebido, por ele deixaram família e pátria, seguindo-o incondicionalmente, tornando-se disponíveis para o anúncio do Reino e para fazer o bem a todos (cf. At 10,38).[39]

Finalmente, na instrução sobre as *Diretivas de formação nas instituições religiosas* afirma-se claramente que "a renovação das instituições religiosas depende principalmente da formação de seus membros".[40]

É significativo o destaque que Bento XVI dirigiu aos superiores-gerais na assembleia plenária da União Internacional: "Não vos canseis de reservar todo o cuidado possível para a formação humana, cultural e espiritual das pessoas que vos são confiadas para que fiquem aptas a reagir aos desafios culturais e sociais atuais".[41]

---

[39] Id. Instrução *Partir de Cristo*. Disponível em: <http://www.vatican.va/roman_curia/congregations/ccscrlife/documents/rc_con_ccscrlife_doc_20020614_ripartire-da--cristo_po.html> (doravante PC).

[40] CONGREGAÇÃO para os Institutos de Vida Consagrada e as Sociedades de Vida Apostólica. Istruzione *Potissimum Institutioni*. Direttive sulla formazione negli istituti religiosi, n. 1.

[41] BENTO XVI. Discurso aos participantes da assembleia plenária da União Internacional dos Superiores-Gerais. Cidade do Vaticano, 7 de maio de 2007.

O esforço formativo é o desafio para o futuro e, ao mesmo tempo, uma séria responsabilidade para as instituições, para cada consagrado(a) que entenda a formação não só como aquisição de estilos já testados de transmissão de um passado típico da instituição, mas também, e principalmente, como um processo integral de crescimento contínuo na identidade pessoal e vocacional-carismática, que, suportado pela graça de Deus, surge de dentro da pessoa e encontra seu princípio articulador e revivificante na opção de fundo da vida consagrada.

Núcleo central e princípio unificador do curso formativo é o próprio pertencimento a Cristo, através do qual nos sentimos enraizados naquilo que dá vida e ao mesmo tempo é capaz de suscitar vida.[42] O liame com Cristo, centro da própria existência, transforma o cotidiano em dom incondicionado que comunica um testemunho alegre e transparente de vida evangélica, a única que pode atrair e gerar energias novas "em um mundo cada vez mais desorientado e confuso".[43]

A formação apresenta-se, pois, como um *password*, isto é: uma chave de acesso para a revitalização da vida consagrada nestes tempos de contradições e inseguranças, mas também como um *kairós*, ou seja: um tempo de esperança e de salvação no qual reconhecer à luz da fé os profundos e vibrantes *murmúrios do Espírito* que indicam as vias de renovação.

A formação permanente: compromisso de desenvolvimento contínuo

No vasto processo de recompreender a vida consagrada, a dimensão da formação permanente assume um papel prioritário. Parece uma contradição. Todavia, numa civilização complexa e globalizada marcada pela invasão das tecnologias digitais, nas quais tudo ocorre velozmente, em que a instabilidade e o *novo* esforçam-se

---

[42] Cf. MOSCHETTI, P. La donna consacrata tra appartenenza e dono. *Consacrazione e Servizio* 2 (2002) 24-34.

[43] BENTO XVI. Audiência aos superiores e superiores-gerais das Instituições de Vida Consagrada e das Sociedades de Vida Apostólica, Cidade do Vaticano, 22 de maio de 2006.

para sedimentar-se, em que é exaltado o instante, o temporário, o fugaz, em que também o curso formativo, que precisa de ritmos lentos, parece "liquefazer-se", impõe-se a demanda de formação permanente em todos os âmbitos: civil, social, político, econômico, eclesial. Isso constitui o cerne crucial da época, porque permite enfrentar as diversas estações da vida e estar em harmonia com um mundo em plena evolução que exige competências sempre novas na atitude de sentinela vigilante à noite que avista os primeiros sinais da aurora.

Na perspectiva histórica, o conceito de *formação permanente* deriva da noção de formação dos adultos. Inicialmente, é encontrado no período depois da Segunda Guerra Mundial, em 1949, quando a Unesco promoveu em Elsinore, na Dinamarca, a Primeira Conferência Mundial sobre a Educação dos Adultos. A preocupação subjacente de tal evento estava ligada aos perigos que as lacunas da cultura, principalmente o analfabetismo, poderiam gerar numa sociedade orientada para reafirmar os valores da democracia. Portanto, tratava-se de encorajar os sujeitos adultos a desenvolverem as próprias capacidades e competências profissionais para uma cidadania responsável e ativa.

Em 1960, em Montreal, o tema da Segunda Conferência foi definido assim: "A educação dos adultos num mundo em transformação". Durante o debate, o conceito de *educação* dos adultos ampliou-se e foi reconduzido para um plano de continuidade, isto é: um processo que se estende durante toda a duração da vida humana. A introdução do tema da *continuidade da educação* marcou um passo decisivo para a discussão pedagógica futura que ulteriormente se consolidou com a Conferência Geral da Unesco em 1966, que ocorreu em Paris. Em seguida, com a perspectiva da educação permanente, o sistema educacional precedente foi talvez involuntariamente posto em crise e deu prova de toda a limitação do sistema educativo *escolacêntrico*. Com o estabelecimento da educação permanente, o sistema configurou-se cada vez mais como *policêntrico*: foi derrubada a barreira marcada pela idade evolutiva a favor de um primeiro e um seguinte momento formativo de ensino sob o signo de uma formação ininterrupta que abarca todas as fases da vida.[44]

Pode-se observar que a educação permanente, de sua origem até hoje, assumiu várias conotações. Em todo caso, foi mantida como elemento central e recurso imprescindível pelos organismos governamentais (como o Conselho da Europa ou a Unesco) e não governamentais (como as diversas associações). No *Memorando sobre a instrução e a formação permanente*, aos cuidados da Comissão das Comunidades Europeias, surge que "a noção de instrução e formação permanente não representa mais simplesmente um aspecto da formação geral e profissional, mas deve tornar-se o princípio inspirador da oferta e da procura em qualquer contexto de aprendizagem".[45]

Com o passar do tempo, expressões como *educação* ou *formação permanente* têm sido usadas de forma intercambiável. Não pretendo examinar a questão quanto ao significado diverso de conteúdos, tais como *formação contínua, formação permanente, educação contínua* e *educação permanente*: a discussão é intricada e complexa porque toca os âmbitos do trabalho, da cultura, da vida civil. Não serão utilizadas as expressões *educação* e/ou *formação contínua* porque elas não coincidem com a formação permanente: *educação contínua* e *formação permanente* apresentam orientações diferentes. A educação contínua trata primordialmente do desenvolvimento profissional, enquanto a formação permanente está voltada para a educação integral do sujeito durante toda a vida. O conceito de *duração*, embora caracterize as duas noções, assume uma relevância diferente quando é aplicado à educação ou à formação.[46]

Especialmente com a guinada antropológica deflagrada pelas comoções pós-Concílio e o estabelecimento da centralidade do

---

[44] Cf. DE NATALE, M. L. L'educazione degli adulti, speranza del nuovo millenio. In: Id. (org.). *Pedagogisti per la giustizia*. Milano: Vita e Pensiero, 2004. p. 261-285, 281-282.

[45] COMISSÃO DAS COMUNIDADES EUROPEIAS. *Memorandum sull'istruzione e la formazione permanente*. Bruxelles, 2000. Disponível em: <http://www.fidae.it/AreaLibera/politiche%20scolastiche%20ue/CE,%20Memorandum.pdf>.

[46] Cf. DEL CORE, P. Il Progetto Formativo a partire dalla formazione permanente. In: VV. AA. *Precedere per indicare il cammino. La formazione; un cantiere aperto*. Milano: Paoline, 2006. p. 87-113 – aqui, p. 106.

sujeito no plano psicológico, juntamente com a recuperação do carisma, determinou-se na vida consagrada um novo paradigma formativo, que é *lifelong*, isto é: *para a vida toda*, mais bem fundamentada teologicamente e mais cuidadosa na preparação e organização da pessoa.[47]

O cuidado com a formação permanente torna-se, pois, o ponto de partida para a renovação da vida consagrada e é, sobretudo, uma necessidade absoluta, porque, se o processo formativo consiste na adesão a Cristo, então só pode ser permanente e envolver a pessoa toda. De fato,

> o processo de formação não se reduz à sua fase inicial, visto que a pessoa consagrada, pelas suas limitações humanas, não poderá mais pensar ter completado a gestação daquele homem novo que experimenta dentro de si, em cada circunstância da vida, os mesmos sentimentos de Cristo (VC, n. 69).

Uma vida inteira não é suficiente para *con-formar* a própria vida ao Filho de Deus,[48] o objetivo último da formação. Portanto, "a formação permanente [...] é uma exigência intrínseca para a consagração religiosa" (VC, n. 69). Nesse sentido a formação inicial prepara para a consagração, mas é a formação permanente que forma o consagrado, porque o serviço apostólico e a vida comum tornam-se local primordial da formação. Existe uma união inevitável entre as duas fases formativas que não podem ser consideradas separadas.[49] A articulação das fases formativas muda na medida em que a "formação permanente não é o que vem *depois* da formação inicial, mas – por mais paradoxal que possa parecer – é o que a *precede e torna possível*, é a ideia matriz ou o ventre gerador que a resguarda e lhe dá identidade".[50]

---

[47] Cf. CENCINI, A. *La formazione oggi*: problemi e prospettive. UISG 96 (1994) 3-21.

[48] Cf. NARDIN, R. La formazione permanente: alcune coordinate. In: Id. (org.). *Vivere in Cristo. Per una formazione permanente alla vita monastica*. Roma: Città Nuova, 2004. p. 19-37 – aqui, p. 28.

[49] Cf. CENCINI, A. *Il respiro della vita. La grazia della formazione permanente*. Cinisello Balsamo (MI): San Paolo, 2002. p. 29. [Ed. bras.: *O respiro da vida. A graça da formação permanente*. 3. ed. São Paulo: Paulinas, 2010.]

[50] Ibid., p. 25.

A formação, então, é por si mesma permanente porque "a verdadeira formadora é a experiência de todos os dias",[51] na qual amadurece a identidade pessoal-vocacional. Esta assume, portanto, um valor formativo e torna-se o espaço vital para o desenvolvimento da comunicação com Deus, consigo mesmo, com os outros e com o mundo. Todavia, a experiência só é verdadeira formadora sob algumas condições, em especial quando permite que a pessoa adquira "a disponibilidade para se deixar formar em cada dia da sua vida" (VC, n. 69), isto é: aquela disposição sábia que a deixa assimilar e integrar aquilo que o sujeito pensa, sente e deseja com os valores evangélicos nos quais crê.

A formação permanente é, pois, um fenômeno amplo e tem um valor dinâmico que põe em evidência a necessidade de redistribuir no tempo as etapas da formação toda. Nesse sentido adquiriu consistência pedagógica a ideia de que a formação permanente é:

- um processo unitário e global de amadurecimento que se estende por toda a vida;
- um curso de autoformação orientado para o desenvolvimento global e integração de todas as dimensões da personalidade ao longo da sucessão das idades;
- um caminho de crescimento e amadurecimento progressivo da pessoa em direção da identidade pessoal e vocacional-carismática;
- um compromisso para dar sentido e significado existencial à própria vida.[52]

A importância da formação permanente já está bastante consolidada em todos os níveis e orientações de vida. É considerada força motriz da regeneração pessoal e institucional que proporciona a entrada de novos conhecimentos e saberes (basta pensar no uso do computador, no conhecimento da *World Wide Web* e de suas dinâmicas); é um recurso estratégico que se declara como

---

[51] GRIÉGER, P. *La formazione permanente, 1. Formazione e promozione della persona.* Milano: Àncora, 1985. p. 21.

[52] Cf. DEL CORE, Il Progetto Formativo a partire dalla formazione permanente, p. 108.

potencialidade que se pode realizar no curso da vida. Nesse sentido, a aprendizagem permanente (*lifelong learning*) dá consistência ao princípio da formação permanente, chave interpretativa e transformadora para a moderna sociedade complexa. Na verdade, os cursos e processos de aprendizagem permanente que estimulam o *aprender a aprender* e o *reaprender* constituem aquela competência estratégica que permite ser *lifelong learners*[53] no variado cenário da era digital, isto é: aqueles que nunca desistem de aprender.

A experiência formativa torna-se, assim, um curso que não se submete às leis de mercado, mas precisa de tempos longos, disponibilidade constante e disciplina flexível, capaz de afrontar a incerteza das novas possibilidades e potencialidades confiadas a cada indivíduo para avançar na direção da realização do próprio ser, além da casualidade e da periodicidade das propostas formativas. Nessa ótica a formação permanente tem o objetivo "não só de transmitir conteúdos e habilidades para serem aplicadas nas situações de trabalho, mas também fornecer instrumentos para desenvolver a criatividade no próprio trabalho, a fim de que este se torne por sua vez fonte de formação".[54] Isso permite ser não somente espectadores, mas protagonistas ativos e zelosos do curso formativo no contexto da transformação sociocultural.

Dentro da maioria das instituições de vida consagrada tem sido reconhecida com maior clareza e convicção a premência da formação permanente como "alavanca para valorizar os recursos humanos, o único 'potencial mais ou menos ilimitado'",[55] o bem mais precioso de todas as instituições, ainda que na realidade permaneçam incertezas com respeito à sua projetividade e possibilidade de realização. Na preparação de um projeto de formação permanente com iniciativas específicas, a escolha cuidadosa da qualidade dos programas e do pessoal docente é fundamental. E deve ser ainda mais seletiva a escolha dos participantes, principalmente com relação ao aspecto da motivação. Tudo isso é imprescindível para que – na

---

[53] Cf. ALBERICI, A. *La possibilità di cambiare. Apprendere ad apprendere come risorsa strategica per la vita.* Milano: Franco Angeli, 2008. p. 33.
[54] FASANO, *Opera o persona?...*, p. 106.
[55] Ibid., p. 109.

determinação da eficácia do curso ou iniciativa – os resultados sejam verdadeiramente significativos.[56]

É sempre mais desejável que as atividades formativas sejam guiadas não somente por critérios quantitativos, isto é: da realização dos objetivos reais esperados, mas também de critérios qualitativos, tais como as motivações individuais e de grupo, a satisfação profissional e um clima de relações sereno. Tudo isso permite, em primeiro lugar, manter e incrementar a importância ou relevância da vida consagrada e, em especial, da congregação, ou seja: o valor do carisma e seu significado na Igreja e no mundo. Em segundo lugar, essa preparação formativa proporciona uma contribuição para a realização da chamada "cultura" congregacional. Além disso, no projeto formativo é indubitavelmente necessário apoiar-se nos aspectos mais facilmente mensuráveis em termos quantitativos: conhecimentos adquiridos, mudança melhoradora dos comportamentos, serviços pessoais. No entanto, resulta difícil calcular os resultados de um investimento em formação que concentra sua atenção numa ótica de personalização do curso formativo.[57] Entretanto, é necessário que os responsáveis nos vários níveis saibam

> captar a diferença entre os aspectos quantitativos e os aspectos qualitativos [...], percebam quão importante é não somente planejar, organizar e controlar as atividades dos participantes e saber dirigir uma equipe, mas também o esforço e o cuidado necessários para com os aspectos motivacionais e relacionais que influenciam os comportamentos.[58]

Esse é o cerne estratégico em nível de posicionamento e cultura formativa em perspectiva de futuro. Numa ótica da Rede, são necessários antes de mais nada o envolvimento e a tomada de consciência da instituição toda, porque o esforço formativo interessa a indivíduos e coletividade em cada área geográfica do planeta. Ele pode estimular as melhores energias para renovar as modalidades

---

[56] Cf. ibid.
[57] É sempre o que pensa FASANO, *Obra ou pessoa?...*, p. 109.
[58] CUCCURULLO, R. *Formazione Organizzazione Impresa. Verso una pedagogia delle risorse umane*. Brescia: La Scuola, 1999. p. 165.

concretas nas quais ser *testemunhos do invisível* nos sulcos da história. As instituições renovam-se quando se renovam as pessoas que as formam. Sem tal *performance* é impossível pensar no futuro.[59]

Nesse sentido a revitalização das congregações, processo em andamento no mundo religioso, acontece com as pessoas que com renovado poder motivacional levam a sério a própria formação e tentam propor no cotidiano o fascínio eloquente de uma *existência transfigurada* do Absoluto.

Investir na formação permanente é uma escolha crucial porque significa indiretamente comprometer-se também com a pastoral vocacional, que admite, com a graça de Deus, a entrada de jovens e de novas energias. Se a formação permanente é a condição para vitalidade e o testemunho contagioso da própria escolha vocacional, então "o consagrado é também, por sua própria natureza, um animador vocacional; quem foi chamado, pois, não pode não se tornar, ele mesmo, um arauto. Há, portanto, um laço natural entre formação permanente e animação vocacional" (PC, n. 16).

No momento em que uma instituição promove a formação permanente ela recebe indiretamente um efeito benéfico porque estimula o desenvolvimento e o testemunho vocacional de todos os seus membros. Assim, será fundamental que cada instituição religiosa elabore um projeto formativo a fim de que a formação permanente torne-se instrumento adequado para uma requalificação e uma renovação pessoal e comunitária da vida consagrada. O objetivo é o de acompanhar o percurso de cada religioso nas diversas fases da vida sem perder de vista a necessidade de adaptar as estruturas (sistema formativo, comunidade, atividades específicas etc.) para as exigências que surgem do novo contexto sociocultural. É preciso traduzir o processo formativo em um único itinerário, no qual a formação permanente é o horizonte da formação inicial. É o espaço dentro do qual, na vivência cotidiana e segundo etapas específicas, amadurece a identidade pessoal e carismática, numa relação circular e contínua entre as duas fases formativas durante toda a vida. Isso significa que o processo formativo, em sua globalidade, mas também em cada porção sua em separado, mesmo

---

[59] Cf. ABELLA, M. J. Presente e futuro della vita consacrata – Nel cuore della Chiesa e alle frontiere della missione. *L'Osservatore Romano*, 1-2 fev. 2010.

que seja determinadamente voltado para objetivos específicos e itinerários particulares de amadurecimento, deve colocar-se no quadro do todo e estar conectado com todo o resto.[60]

Então, definir um projeto de formação permanente significa oferecer uma nova qualidade à vida religiosa e restabelecer concretamente que a pessoa, autêntico capital vivo, é o primeiro recurso a ser valorizado e envolvido. O estilo formativo, na verdade, deve privilegiar a ideia de uma formação para todas as estações da vida do ponto de vista não somente de *saber* e *saber fazer*, mas também, e principalmente, de *saber ser* para continuar como o sal a manter o sabor e a regenerar novas esperanças no futuro.

O papel do formador: atribuições e exigências

O trabalho formativo é tão antigo quanto o ser humano. Refere-se à ideia e à experiência de investimento e capacidade de futuro da coletividade inteira. Como estabelecido pelo Concílio Vaticano II na constituição *Gaudium et Spes*, "podemos legitimamente pensar que o destino futuro da humanidade está nas mãos daqueles que souberem dar às gerações vindouras razões de viver e de esperar" (n. 31).

Na lógica de um processo formativo que se estende no tempo, quando se fala da figura do formador (e da formadora) não se faz referência somente a quem tem a atribuição específica de acompanhar os jovens que se encontram na etapa da formação inicial, mas, ainda que com destaques e modalidades diferentes, a esses "mestres de formação" que se tem por perto nas situações habituais e reais cotidianas. Se de um lado o princípio fundamental da formação reside na convicção de que somente a pessoa pode formar a si mesma – isto é: somente se o sujeito está motivado e ativo –, de outro lado Deus modela a pessoa *invisivelmente* mediante a ação de seu Espírito e *visivelmente* com a mediação do formador, da comunidade, da missão e do contexto histórico-social. Portanto, "Deus

---

[60] Cf. DEL CORE, P. La formazione, oggi. Esigenze, sfide e problematiche alla luce delle nuove prospettive culturali ed ecclesiali. *Rivista di Scienze dell'Educazione* 39 (1/2001) 49-78 – aqui, p. 49.

Pai, pelo dom contínuo de Cristo e do Espírito, é o formador por excelência de quem a ele se consagra. Mas nesta obra, ele serve-se da mediação humana, colocando ao lado dos que chama alguns irmãos e irmãs mais velhos" (VC, n. 66). Nesse sentido o formador exerce um papel cardeal e inalienável (não é possível vendê-lo nem cedê-lo) no processo educativo porque a ação formativa trabalha as dimensões educáveis do outro através de uma estratégia privilegiada e complexa: a relação interpessoal. O processo formativo, de fato, não é feito em solidão, mas principalmente através do fenômeno do *encontro*, isto é: de um acompanhamento pessoal e da inserção na comunidade, o local eminente de formação apostólica.

A formação, ainda que trabalhosa, é uma arte viva e programável, porque, antes de mais nada e sobretudo, é uma obra do Espírito, e porque põe em contato com a vida das pessoas numa relação direta, *face to face* [cara a cara], que pode chegar ao limiar daquele repositório que encerra em si o mistério de uma vocação. A atribuição do formador é um ministério fascinante extremamente delicado. Ele deve ser capaz não de *dominar*, mas de saber *colaborar* dentro de um mistério, aquele da vida da pessoa acompanhada, sem por isso jamais se considerar indispensável. Para o formador, o agir formativo é um dom, um compromisso e uma arte que envolve todo o segmento de seu viver e que implica sempre específicas disposições: acima de tudo, o estar atento ao outro que, como ele, vive na realidade de todo o dia.

O formador desenvolve um serviço de acompanhamento e de mediação entre o patrimônio dos valores próprios da instituição e as pessoas com a função de guia, sem substituir o outro no processo de amadurecimento pessoal-vocacional, e com o conhecimento vivo e humilde de que ele próprio, a cada dia em primeira pessoa, avança e esforça-se para crescer.[61] A forma mais potente de despertar a vida do outro encontra-se na atitude de busca e de conversão contínua do formador. É preciso pôr-se à prova para tentar viver diariamente o que se está propondo aos outros com aquele cuidado vigilante consigo mesmo que permite ficar aberto à ação do Espírito e dos demais. Formar-se para formar, esta é a exigência

---

[61] Cf. GUARDINI, R. La credibilità dell'educatore. In: *Persona e libertà. Saggi di fondazione della teoria pedagogica*. Brescia: La Scuola, 1987. p. 221-236 – aqui, p. 222.

primordial, inevitável e empenho constante. Todo formador, tenha ou não consciência disso, assume no próprio papel educativo um estilo pedagógico que reflete a sua visão antropológica e um seu modelo formativo.

A pedagogia formativa é sem dúvida aquela que tenta provocar uma decisão própria no sujeito, ainda que não seja suficiente. É necessário estimular uma pedagogia que tenha uma função hermenêutica. O formador deveria saber captar e ler os comportamentos do(a) formando(a) num quadro mais amplo com relação às simples ações para depois restituir à pessoa o significado profundo de seus comportamentos durante o colóquio formativo.

Esse tipo de atuação educacional exige uma sólida formação específica anterior porque um formador *idôneo* não se improvisa. Deve ser já uma pessoa que por natureza possui qualidades humanas e espirituais específicas.

> [...] os formadores e as formadoras devem ser especialistas no caminho da procura de Deus, para serem capazes de acompanhar também outros neste itinerário. Atentos à ação da graça, saberão apontar os obstáculos, mesmo os menos visíveis, mas sobretudo hão de mostrar a beleza do seguimento do Senhor e o valor do carisma em que isso se concretiza (VC, n. 66).

Com relação ao perfil do formador, pode-se identificar algumas características das quais derivam inevitavelmente um evidente estilo formativo de elevado perfil, para o qual não é suficiente só a boa vontade. Tais atributos traduzem-se em tarefas específicas para com as pessoas a quem se destinam seus serviços. Resumo com quatro expressões os aspectos que, na minha opinião, qualificam a identidade e a missão do guia formativo: *convicto, confiável, competente e satisfeito.*[62]

Em primeiro lugar, o formador deve ser uma pessoa que tenha tido a experiência do encontro com Deus como primeira qualidade descrita também na *exortação* dedicada à vida consagrada. É uma

---

[62] Cf. CENCINI, A. *Vangelo giovane 2. Compendio di animazione giovanile e vocazionale.* Roma: Rogate, 2005. p. 107-111.

pessoa *convicta* porque experimentou que a fé, essencialmente um dom, consiste na adesão pessoal a Cristo. Ela se traduz, depois, em testemunho convincente do seguimento no acompanhamento dos outros. Tal característica fundamenta também o ser *confiável* do formador porque coerente com os valores do Evangelho que proclama.

Outro aspecto determinante diz respeito à capacidade do educador de ajudar o formando a reconhecer as áreas obscuras presentes na própria vida num percurso de purificação das próprias motivações. Isso exige um guia *competente* na medida em que ele mesmo tenha podido reelaborar, e reelabora dia após dia, os próprios sentimentos, as percepções e as imaturidades através de um percurso de conhecimento de si mesmo no qual experimentou primeiro a eficácia do acompanhamento pessoal para o próprio desenvolvimento da identidade pessoal e vocacional. Portanto, é indispensável e urgente formar-se para formar. Enfim, o formador deve manifestar toda a sua paixão e toda a alegria do próprio pertencimento diário e fiel ao Senhor. Deve ser uma pessoa *satisfeita* com a própria vocação, nunca entediada ou medíocre – vivendo o aburguesamento e a vida como rotina –, mas feliz porque atraída pela beleza indescritível do seguimento de Cristo.

Além das diversas preparações de articulação e organização do curso formativo, considero, em resumo, que a obra do formador concentra-se, principalmente, em três caminhos constituídos por três processos reflexivos: *aprender a aprender, motivar a aprender, aprender a motivar*.[63] O formador não deve e não pode só fornecer conteúdos. Sua tarefa é colocar os pressupostos que permitem ao sujeito conhecer as próprias estratégias de aprendizagem diante da realidade de cada dia, com suas luzes e suas sombras. Além disso, o guia formativo deve ser capaz de despertar na pessoa a paixão e a motivação para viver segundo o estilo de vida evangélico e carismático da própria instituição. De fato, o que conta nas escolhas cotidianas é conhecer as motivações subjacentes. Aprender a descobrir e identificar as motivações do próprio ser e do próprio

---

[63] Cf. DI NUBILA, R. Dall'espansione dell'area formativa: utili indicatori professionali per la figura dell'"esperto". *Studium Educationis* 86 (2/1997) 212-219 – aqui, p. 217.

agir é o método que permite manter vivas as próprias convicções e os valores nos quais assentar a vida.

São três os aspectos que se poderiam definir inseparáveis. Eles fazem parte de um único processo vital orientado pela progressiva configuração ao Senhor Jesus na doação total e transparente de si mesmo. Por último, cabe relembrar como Romano Guardini enfatizou a figura do formador: "Influi com maior intensidade não o que ele diz, mas o que ele próprio é e faz".[64]

Portanto, a validade e a influência de um curso formativo – fruto, acima de tudo, da obra de Deus, o Formador por excelência – baseiam-se na confiabilidade e no testemunho de "pessoas vivas que assumem no cotidiano os sentimentos de Jesus Cristo (Fl 2,5)",[65] conscientes dos próprios limites, que, porém, não impedem de viver o serviço, com paixão e dedicação incondicional, como São Paulo, à causa do Mestre Jesus (cf. 2Cor 4,1).

---

[64] GUARDINI, R. *Le età della vita. Loro significato educativo e morale*. Milano: Vita e Pensiero, 1992. p. 55.

[65] SECONDIN, B.; PAPA, D. "Dall pozzo... alla locanda". In: VV. AA., *Passione per Cristo, passione per l'umanità*, p. 67-85 – aqui, p. 79.

A COMUNICAÇÃO DIGITAL: UM DESAFIO PARA A FORMAÇÃO

A imersão planetária na comunicação digital repropõe à formação um contexto social desafiante, diferenciado e ao mesmo tempo homogeneizante, caracterizado pelo estigma da complexidade e por uma mudança que tem todos os sinais do pluralismo, mas, às vezes, também da confusão e desorientação na busca de novos horizontes de sentido. O ser e o atuar da pessoa consagrada coloca-se, pois, dentro de um cenário sociocultural novo, em que as linguagens ligadas à eletrônica e a internet constituem um aspecto essencial da mudança contínua, que possui um valor fortemente antropológico.

A formação para a vida consagrada, principalmente aquela inicial, não pode eximir-se de levar em consideração o proliferar do fenômeno internet com sua variedade de formas e estilos comunicativos. Ao contrário, é desafiada a operar de modo que as mídias sejam conhecidas e usadas de forma crítica e responsável. Em *Vita Consecrata*, apresentando os novos areópagos da missão, João Paulo II convida os religiosos e as religiosas a empenharem-se na comunicação:

> Assim como no passado as pessoas consagradas souberam, com os meios mais diversos, pôr-se ao serviço da evangelização, enfrentando genialmente as dificuldades, também hoje são interpeladas novamente pela exigência de testemunhar o Evangelho, através dos meios de comunicação social (n. 99).

O curso formativo exige, então, não só a aprendizagem para usar os meios modernos de comunicação, mas principalmente a aquisição de uma nova mentalidade cultural das mídias marcada pelo esforço profundo de levar o "Evangelho nas mãos e no coração".[1]

O mundo do ciberespaço deve ser pensado como o novo areópago moderno, do qual a internet constitui um novo ambiente, com uma multiplicidade de recursos e exigências que proporcionam perspectivas inéditas de crescimento pessoal e de evangelização, mas também riscos de marginalização e de desigualdade. Nesse sentido a Igreja aspira habitar o continente digital com o olhar da fé para introduzir nele o fascínio sempre vivo do Evangelho, para encontrar as multidões de hoje, sedentas de verdade e de amor. E é no aspecto do *testemunho digital* que os consagrados e as consagradas devem estar presentes na Rede, conscientes de levar no mundo hipertecnológico, além de qualquer confim imaginável, o dom da fé e, assim, oferecer a todos a esperança que salva. É ilusório pensar, como afirmou Bento XVI, que "a hodierna tecnologia avançada possa satisfazer cada desejo nosso e salvar-nos dos perigos que nos assaltam. Mas não é assim. Em cada momento de nossa vida dependemos inteiramente de Deus, no qual vivemos, nos movemos e temos nossa existência".[2]

Num mundo secularizado uma síntese vital similar só pode ser fruto de um caminho cotidiano sério, corajoso e apaixonado de formação humana e espiritual, teológica e cultural, sustentado pelo anélito paulino: "Ai de mim se eu não anunciar o Evangelho!" (1Cor 9,16).

Comunicação e Magistério da Igreja na era digital

Na bimilenária ação apostólica da Igreja, é necessário e imprescindível reconhecer uma estreita interdependência entre cultura,

---

[1] BENTO XVI. Mensagem para a XLIV Jornada Mundial das Comunicações Sociais: *"O sacerdote e a pastoral no mundo digital: as novas mídias a serviço da Palavra"*, 16 de maio de 2010.

[2] Id. Homilia por ocasião do 1950º aniversário do naufrágio de São Paulo, Floriana (Malta), 18 de abril de 2010.

comunicação e transmissão da fé. Ao longo de todo o passar dos séculos, a Igreja procurou caminhar junto com a humanidade do próprio tempo, sempre questionada pelos diferentes processos de comunicação que se sucederam nas várias épocas a fim de assumir as estratégias comunicativas mais idôneas e eficazes ao anúncio do Evangelho. A comunicação está na própria natureza do Evangelho/boas-novas. De fato, é um dado irremovível para o anúncio da salvação, uma exigência original e irrenunciável para a pastoral eclesial: comunicar foi, é e será sempre em todo lugar e em todos os tempos a missão da Igreja, porque "o homem Jesus é a comunicação por excelência de Deus a cada homem" (CM, n. 32).

O novo cenário sociocultural exige que a Igreja, no desenvolvimento de sua missão, enfrente os desafios dos novos processos comunicativos e situe-se no novo ambiente da experiência humana para *re*-aprender os "códigos" do comunicar.

Mass media e Igreja: uma sinergia crescente

No tempo, a evangelização deve ser avaliada sempre mais no contexto sociocultural em que se desenvolve, como aconteceu no início do Cristianismo, e que hoje passa inevitavelmente pela obra de uma renovada inculturação das Boas-Novas no mundo digital a fim de continuar a ser um germe da nova vida e da forte e clara esperança para uma humanidade perdida. Paulo VI escrevia já na encíclica *Evangelii Nuntiandi*, n. 20:

> [...] importa evangelizar, não de maneira decorativa, como que aplicando um verniz superficial, mas de maneira vital, em profundidade e isto até as suas raízes, a civilização e as culturas do homem, [...] a partir sempre da pessoa e fazendo continuamente apelo para as relações das pessoas entre si e com Deus. [...] O Evangelho e a evangelização independentes em relação às culturas, não são necessariamente incompatíveis com elas, mas suscetíveis de as impregnar a todas sem se escravizar a nenhuma delas.

Nesse sentido o esforço da Igreja para comunicar de modo eficaz o Evangelho numa *cibercultura* em contínua e irrefreável expansão³ não pode ignorar as características e as modalidades da comunicação digital e da linguagem usada na internet.

No século XIX, começou-se a perceber uma rejeição inicial com relação a alguns instrumentos considerados suspeitos por seu uso antieclesial. Nesse sentido podemos lembrar a condenação da "abominável e nunca demasiadamente condenada liberdade de imprensa" contida na encíclica *Mirari Vos*, de Gregório XVI, ao se referir aos jornais da época. Em 1912, Pio X menciona o cinema, porém mantendo distância. Mais aberta é a acolhida da rádio por Pio XI em 1928 e, em seguida, da televisão por Pio XII em 1947.

A encíclica *Miranda Prorsus*, de Pio XII, publicada em 1957, apresenta o cinema, a rádio e a TV, mas não a imprensa, como novos instrumentos a serem valorizados para o anúncio do Evangelho.⁴ Principalmente a partir do Concílio Vaticano II, é possível constatar como a Igreja havia manifestado uma crescente atenção para com o "bom uso" das mídias como canais através dos quais passa a Boa-Nova para todos os povos. Contudo, o documento considerava as mídias segundo uma finalidade prevalentemente instrumental. No clima inovador do Concílio, foi depois promulgado o decreto *Inter Mirifica* (1963), o primeiro documento que especificamente girava em torno dos meios de comunicação social reconhecidos como "maravilhosas invenções da técnica que, principalmente nos nossos dias, o engenho humano extraiu, com a ajuda de Deus, das coisas criadas" (n. 1). Além de receber tal avaliação, os meios foram considerados à disposição da Igreja para "pregar a mensagem de salvação, servindo-se dos meios de comunicação social, e ensina[r] aos homens a usar retamente estes meios" (n. 3). Nesse documento os sacerdotes do Concílio pronunciaram-se sobre a comunicação de modo tal a sancionar a seguinte passagem: de "dons de Deus" a serem condenados no caso dos que a usam para transmitir o mal para "forma atual de pregação".⁵ De fato, no decreto *Inter Mirifica* a comunicação, que era considerada fenômeno autônomo

---

³ Cf. BETORI, G. La missione della Chiesa nell'Era di Internet. Relazione al Convegno *Internet: un nuovo forum per proclamare Il Vangelo*. Milano, 9-11 maio 2002.

⁴ Cf. PANTEGHINI, G. *Quale comunicazione nella Chiesa? Una Chiesa tra ideali di comunione e problemi di comunicazione*. Bologna: EDB, 1993. p. 40.

⁵ SASSI, S. Il Cristo totale per il secolo della comunicazione globale. Atti del *Seminario internazionale su "Gesù, il Maestro"*, Ariccia, 14-24 out. 1996.

das realidades terrestres que entram em relação com a fé, passou para o âmbito imprescindível do compromisso pastoral da Igreja e, principalmente, como mentalidade nova que deveria inspirar toda a pastoral.

Para dar força e realidade às suas afirmações, os padres do Concílio também definiram pelo menos três demandas para a Santa Sé: a instituição de uma comissão especial sobre *mass media* (atualmente denominada "Pontifício Conselho das Comunicações Sociais"), a preparação de um preceito pastoral sobre as comunicações sociais e a instituição de uma "Jornada Mundial das Comunicações". Essa foi a única jornada comemorativa em caráter mundial pedida pelo Conselho Vaticano II.[6]

O beato Padre Tiago Alberione, fundador da Família Paulina,[7] participava como observador no evento do Concílio e esteve – e não poderia ter sido diferente – entre aqueles que reconheceram o alcance inovador da *Inter Mirifica*. Com a publicação de tal decreto, a missão de evangelização com as mídias obteve total cidadania na Igreja, mídia da qual Alberione, com a fundação das Congregações Paulinas, dedicadas a esse apostolado nos rastros de São Paulo, foi o pioneiro e o profeta fiel.

Depois do Concílio, um passo avante notável foi dado com a publicação, requerida pelos padres do Concílio, da instrução pastoral *Communio et Progressio* (1971), definida como a carta magna das comunicações na Igreja. Ela traça um primeiro esboço da teologia da comunicação em caráter trinitário.

---

[6] Cf. FOLEY, P. J. Il Magistero della Chiesa. In: VV. AA. *Vita consacrata e cultura della comunicazione*. Atti del Convegno, Roma, 26-27 mar. 2004. Cinisello Balsamo (MI): Ateneo Pontificio *Regina Apostolorum*/San Paolo, 2005. p. 56-62 – aqui, p. 60.

[7] A chamada "Família Paulina" é constituída por dez instituições fundadas pelo beato Padre Tiago Alberione. Além de suas características específicas, todas as instituições possuem um compromisso comum: *viver e dar ao mundo Jesus Cristo, Mestre, Caminho, Verdade e Vida*. Fazem parte da Família Paulina as seguintes instituições: Sociedade São Paulo (Padres e Irmãos *Paulinos*), Filhas de São Paulo (Irmãs *Paulinas*), Irmãs Pias Discípulas do Divino Mestre, Irmãs Pastorinhas, Irmãs Apostolinas, Instituto Nossa Senhora da Anunciação, Instituto São Gabriel Arcanjo, Instituto Santa Família, Instituto Jesus Sacerdote e União dos Cooperadores Paulinos.

De "instrumentos" a "cultura"

Com o magistério de João Paulo II, passa-se de um comportamento constante de confiança e abertura em relação às mídias para o conhecimento dos desafios e das novas oportunidades que se abrem para o anúncio do Evangelho adequado à evolução vertiginosa da técnica, às necessidades prementes pastorais da catequese, da liturgia, em síntese, de todas as ciências.

Em 1990, com a encíclica *Redemptoris Missio*, o pontífice oferece uma indicação muito significativa para toda a Igreja quando escreve, no n. 37:

> O uso dos *mass media*, no entanto, não tem somente a finalidade de multiplicar o anúncio do Evangelho: trata-se de um fato muito mais profundo porque a própria evangelização da cultura moderna depende, em grande parte, da sua influência. Não é suficiente, portanto, usá-los para difundir a mensagem cristã e o Magistério da Igreja, mas é necessário integrar a mensagem nesta "nova cultura", criada pelas modernas comunicações. É um problema complexo, pois esta cultura nasce menos dos conteúdos do que do próprio fato de existirem novos modos de comunicar com novas linguagens, novas técnicas, novas atitudes psicológicas. O meu predecessor, Paulo VI, dizia que "a ruptura entre o Evangelho e a cultura é, sem dúvida, o drama da nossa época"; e o campo da comunicação moderna confirma plenamente este juízo.

A novidade apresentada pelo magistério de João Paulo II no âmbito da comunicação social diz respeito não só à avaliação teórica positiva diante das novidades tecnológicas, mas principalmente ao conhecimento de que para a evangelização hoje é necessário ingressar na *cultura digital* e integrar nela a mensagem salvífica. A *nova cultura* da comunicação exige novas categorias mentais e novas linguagens, que demandam a posse de novas competências. Como afirmado por Lévy "o ciberespaço poderá tornar-se um local de exploração dos problemas, de discussão pluralista, de focalização de processos complexos, de decisões coletivas e de avaliações de resultados".[8]

---

[8] LÉVY, P. *L'intelligenza collettiva. Per un'antropologia del cyberspazio.* Milano: Feltrinelli, 1996. p. 73.

Sergio Zavoli, conhecido jornalista italiano, reapresenta uma interessante comparação entre a experiência de São Paulo, o Apóstolo dos Gentios, em Atenas (cf. At 17,21-31) e a navegação no mar digital. À luz do ícone do areópago de Atenas, onde Paulo encontra os atenienses para anunciar o Evangelho, é possível antes de tudo ver a Igreja chamada a evangelizar a humanidade do terceiro milênio numa situação que relembra aquela dos tempos apostólicos. A evangelização hoje passa necessariamente pelo trabalho de uma nova inculturação da fé na linguagem, nos costumes e na vida da sociedade contemporânea. Enfim, para a nova evangelização, diversamente dos tempos apostólicos, hoje é premente recorrer ao uso das mídias porque a comunicação social já se tornou a verdadeira e própria cultura dominante deste nosso tempo.

A esse propósito, João Paulo II, em *Tertio Millennio Adveniente*, n. 57, escreveu:

> [...] reproduz-se no mundo a situação do *Areópago de Atenas*, onde falou São Paulo. Muitos são hoje os "areópagos", e bastante diversos: os vastos campos da civilização contemporânea e da cultura, da política e da economia. *Quanto mais o Ocidente se separa das suas raízes cristãs, tanto mais se torna terreno de missão*, nas formas mais diversificadas de "areópagos".

Em outras palavras: é necessário aprender, como São Paulo, a ser missionário do Evangelho nesta nova, complexa e poliédrica cultura definida como *cross mediale* [*crossmedia*], na qual as mesmas mídias antigas (jornais, TV, rádio etc.) são reconsideradas em formato digital para melhorar a qualidade dos processos de comunicação.

Diante deste cenário sem precedentes, é premente assentar uma evangelização através dos dois momentos que integram todo o processo de "inculturação" da fé, evidenciados com eficiência na expressão paulina: "Fazer de tudo a todos para levar todos a Cristo" (cf. 1Cor 9,19-23). Trata-se de "compartilhar" os problemas e as esperanças da humanidade atual levando a luz do Evangelho para os diversos areópagos do novo milênio e assumindo tudo de bom e verdadeiro que existe nele. Depois, "transformá-lo" interiormente[9] para comunicar a diferença evangélica na história e dar uma alma ao mundo, a fim de que a humanidade possa caminhar em direção ao Reino para o qual foi criada (CM, n. 35).

Com o advento da internet, a Rede eletrônica não penetrou somente nos centros nevrálgicos da vida social, provocando uma inevitável transformação de época, mas sua difusão e capilaridade envolveram também a vida e a missão da Igreja. Para ter acesso "à moderna 'praça do mercado' onde se expressam publicamente os pensamentos, trocam-se ideias, circulam as notícias e recebem--se informações de todo tipo",[10] a Igreja deve adquirir um especial *bilhete de entrada* constituído pela aprendizagem e utilização das novas linguagens da comunicação digital.

Bem depois, em sua mensagem para a XXXV Jornada Mundial das Comunicações Sociais, João Paulo II falou explicitamente do valor positivo da internet.[11]

A carta apostólica *O Rápido Desenvolvimento*, dirigida aos responsáveis pelas comunicações sociais, foi o último documento oficial do pontífice. Nela surge a preocupação de conhecer as novas linguagens e os novos instrumentos mediante "formação e atenção pastoral aos profissionais da comunicação". Com perspicácia, ele admite que

> os meios de comunicação social alcançaram tal importância que se tornaram para muitos o principal instrumento de guia e de inspiração para os comportamentos individuais, familiares e sociais. Trata-se de um problema complexo, visto que esta cultura nasce,

---

[9] Cf. SORGE, B. Nuova evangelizzazione e comunicazione sociale. In: AA. VV. *La sfida della comunicazione. Mass media e evangelizzazione.* Milano: Àncora, 1997. p. 71-96 – aqui, p. 82-83.

[10] JOÃO PAULO II. Mensagem para a XXVI Jornada Mundial das Comunicações Sociais: *"A proclamação da mensagem de Cristo nos meios de comunicação",* 31 de maio de 1992.

[11] Cf. Id. Mensagem para a XXXV Jornada Mundial das Comunicações Sociais: *"Pregai-o dos telhados: o Evangelho na era da comunicação global",* Cidade do Vaticano, 27 de maio de 2001.

ainda antes do que dos conteúdos, do próprio fato que existem novos modos de comunicar com técnicas e linguagens inéditas.[12]

A comunicação digital inaugura um novo modelo de comunicação em que o usuário torna-se também emissor. Abrem-se assim novas fronteiras para a pastoral eclesial na era eletrônica: o usuário é colocado *no centro da inculturação do Evangelho*.

Nos últimos anos, o magistério pontifício ofertou várias contribuições a respeito da internet, como as duas *Notas* do Pontifício Conselho para as Comunicações Sociais *A Igreja e internet* (2002) e *Ética na internet* (2002). Devido à *onipresença* da Rede, este último texto aponta a necessidade – para a Igreja e para outras instituições empenhadas no setor da formação e da educação – de formar as pessoas para o uso "responsável" da internet.

A Rede é "um novo domínio, a maravilhosa terra do espaço cibernético, onde era [é] permitido qualquer tipo de expressão e onde a única lei consistia [consiste] na liberdade individual total, de fazer o que quiser".[13]

Quanto a esse ponto, merece uma atenção particular a Mensagem do Papa Wojtyla para a XXXVI Jornada Mundial das Comunicações Sociais (2002), que teve como tema: "Internet: um novo fórum para proclamar o Evangelho".[14] A imagem da internet como um *novo fórum*, isto é, novo contexto social, destaca um aspecto sem dúvida relevante no Magistério eclesial porque o ciberespaço agora é considerado como um verdadeiro e próprio *ambiente comunicativo*, uma esplêndida oportunidade para fazer fluir a palavra de Deus.

A atenção desloca-se de uma pastoral puramente instrumental para uma valorização dos códigos e das linguagens do ambiente

---

[12] Id. Carta apostólica *O Rápido Desenvolvimento*, nn. 9 e 3. Disponível em: <http://www.vatican.va/holy_father/john_paul_ii/apost_letters/documents/hf_jp-ii_apl_20050124_il-rapido-sviluppo_po.html>.

[13] PONTIFÍCIO CONSELHO DAS COMUNICAÇÕES SOCIAIS. *Ética na internet*, n. 8. Disponível em: <http://www.vatican.va/roman_curia/pontifical_councils/pccs/documents/rc_pc_pccs_doc_20020228_ethics-internet_po.html>.

[14] Cf. JOÃO PAULO II. Mensagem para a XXXVI Jornada Mundial das Comunicações Sociais: "Internet: um novo fórum para proclamar o Evangelho", Cidade do Vaticano, 12 de maio de 2002.

digital no qual inculturar a mensagem evangélica. Como afirma Francesco Botturi: "A tecnologia só limitadamente é *meio* à disposição do homem segundo seus fins objetivos e revogáveis; ela é, todavia, mais um *ambiente* que precede e excede o sujeito e suas intenções"[15] e que modifica necessariamente sua existência.

Já em 1991, com especial antevidência, Carlo Maria Martini escrevia na carta pastoral *Il lembo del mantello* [*A orla do manto*]:

> As mídias não são mais uma tela que se olha, uma rádio que se escuta. São uma atmosfera, um ambiente no qual estamos imersos, que nos envolve e nos penetra de todos os lados. Estamos nesse mundo de sons, de imagens, de cores, de impulsos e de vibrações como um ser primitivo estava imerso na floresta, como um peixe na água. É o nosso ambiente, as mídias são um novo modo de estar vivo.[16]

Portanto, as mídias permitem prever e prefigurar um novo modo de estar vivo e de saber "estar dentro" das novas situações com dignidade, responsabilidade e criatividade. Nesse sentido, como afirmou Antonio Spadaro, durante o Congresso Nacional da Igreja italiana "Testemunhos digitais. Caráter e linguagens na era da *crossmedia*", "a Rede não é um novo *meio* de evangelização, mas antes de mais nada um contexto em que a fé é chamada a expressar-se não por uma mera *vontade de presença*, mas por uma conaturalidade do Cristianismo com a vida dos homens".[17] Também Bento XVI, na mensagem para a XLIV Jornada Mundial das Comunicações Sociais, refere-se a tal concepção da Rede. Ele afirma:

> A multimídia difusa e o variado "teclado de funções" de uma mesma comunicação podem implicar o risco de uma utilização ditada principalmente pela mera necessidade de se fazer presente e de considerar erroneamente a *web* só como um espaço a ser

---

[15] BOTTURI, F. *Tecnologia ed esperienza*. In: AROLDI, P.; B. SCIFO, B. (orgs.). *Internet e l'esperienza religiosa in rete*. Milano: Vita e Pensiero, 2002. p. 97-104 – aqui, p. 98.

[16] MARTINI, C. M. Carta pastoral *Il lembo del mantello. Per un rapporto tra chiesa e mass media*. Milano: Centro Ambrosiano, 1991. p. 12.

[17] SPADARO, A. La fede nella rete delle relazioni: comunione e connessione. Relazione al Convegno *Testimoni digitali. Volti e linguaggi nell'era cross mediale*, Roma, 22-24 abr. 2010.

ocupado. Para os sacerdotes, ao contrário, é necessária a capacidade de estar presente no mundo digital na constante fidelidade à mensagem evangélica.[18]

O pontífice tem repetido em muitas ocasiões a importância do

extraordinário potencial das novas tecnologias quando usadas para promover a compreensão e a solidariedade humana. Essas tecnologias são um verdadeiro dom para a humanidade: por isso devemos fazer com que as vantagens que oferecem sejam postas a serviço de todos os seres humanos e de todas as comunidades, principalmente de quem é necessitado e vulnerável.[19]

Um convite de Bento XVI que se estende a todos "buscando", para os *ciberapóstolos*, "manter ativa a pesquisa como primeiro passo da evangelização. De fato, uma pastoral no mundo digital é solicitada a levar em conta também os muitos que não creem, estão inseguros e têm no coração desejos de absoluto e de verdade não caducas".[20]

Além disso, o papa recorre a uma imagem que esclarece o motivo pelo qual a Igreja aspira estar no ciberespaço: "Como o profeta Isaías chegou a imaginar uma casa de oração para todos os povos (cf. Is 56,7), seria talvez possível imaginar que a *web* possa criar espaço – como o "pátio dos gentios" do Templo de Jerusalém – também para os que ainda desconhecem a Deus?".[21] Essa é uma pergunta à qual a Igreja deve dar uma resposta precisa e corajosa o mais cedo possível, antes de mais nada com seu próprio testemunho evangélico e de acordo com as linguagens e a sensibilidade do mundo moderno.

---

[18] BENTO XVI, Mensagem para a XLIV Jornada Mundial das Comunicações Sociais: "O sacerdote e a pastoral no mundo digital...".

[19] Id. Mensagem para a XLIII Jornada Mundial das Comunicações Sociais: "Novas tecnologias, novas relações. Promover uma cultura de respeito, de diálogo, de amizade", 24 de maio de 2009.

[20] Id. Mensagem para a XLIV Jornada Mundial das Comunicações Sociais: "O sacerdote e a pastoral no mundo digital...".

[21] Ibid.

Ao longo da história do Magistério eclesial, fica evidente um notável e fecundo percurso da teoria e da práxis a respeito do fenômeno da comunicação. Esse percurso desenhou como que uma parábola em crescimento positivo no interior da cultura midiática em vista de sua missão evangelizadora. É necessário "dar uma alma ao contínuo fluxo comunicativo na Rede",[22] escreve Bento XVI, uma *alma cristã*, porque já se tornou uma dimensão fundamental em que escorre a seiva inexaurível da vida cotidiana de multidões de povos. Em sua mensagem para a XLV Jornada das Comunicações, o pontífice destaca como "a comunicação digital impregna a vida planetária e modela uma nova humanidade, na qual a Rede é parte integrante da vida humana".[23]

Com tal sensibilidade e consciência, a Igreja é chamada *a fazer-se ao largo* procurando novos caminhos e novas linguagens para revelar o vulto de Cristo, para dizer à humanidade de hoje, mesmo nesta época de desorientação, a Palavra da esperança.

Internet: novo ambiente para a formação

O fenômeno *internet*, o mais relevante no mundo da comunicação digital, influencia a formação para a vida consagrada, solicita a recompor o mapa dos próprios itinerários para romper, usando uma imagem alegórica, aquele casulo feito às vezes de medo, recusa, suspeita com relação às possíveis ciladas presentes na *web* e, ao contrário, identificar as potencialidades nas quais sintonizar hoje o curso. O *Instrumentum laboris* em preparação ao *Sínodo dos Bispos para a Vida Consagrada* repete que "a formação em todos os seus graus e formas (inicial, permanente, intercongregacional...) deve enfrentar problemas inesperados criados por uma situação de mudança, para a qual não parecem suficientes os pressupostos tradicionais" (n. 28).

---

[22] Ibid.

[23] Id. Mensagem para a XLV Jornada Mundial das Comunicações Sociais: "Verdade, anúncio e autenticidade da vida na era digital", Cidade do Vaticano, 5 de junho de 2011.

O sociólogo norte-americano Neil Postman já tinha escrito que as novas tecnologias modificam a estrutura de nossos interesses: as coisas que pensamos; modificam o caráter de nossos símbolos: as coisas com as quais pensamos; e modificam a natureza da comunidade: o espaço no qual se desenvolvem os nossos pensamentos.[24] Essa observação evidencia a grande mudança produzida pelas tecnologias digitais, seja no pensar, seja na modalidade comunicativa.

As mídias não são mais dispositivos nas mãos do usuário e instrumento de transporte das informações, são um *ambiente digital* que permeia a vida do indivíduo constituído de um cenário composto por novas formas de saber, novos processos, novas linguagens, novos estilos relacionais, novos significados a serem experimentados. Isso exige uma adaptação contínua, e não é mais possível considerá-lo separado do próprio *ambiente natural de vida* porque envolve tudo. De fato,

> estamos de tal modo envolvidos nas imagens, nos sons e nas palavras das várias mídias que, mais do que meios, elas representam um ambiente, um verdadeiro e próprio líquido amniótico no qual estamos imersos. Elas modelam as relações sociais e as relações de poder além das mais óbvias relações espaciais.[25]

Também a *Second Life* [*Segunda Vida*], o mundo virtual por excelência, volta a essa lógica. Quando uma pessoa age na realidade simulada como *avatar*,[26] não vive um desdobramento de personalidade, um ser autônomo com relação ao próprio ser, mas uma extensão digital de si mesmo. Portanto, a liberdade e a responsabilidade do sujeito da "primeira vida" também pertencem

---

[24] Cf. POSTMAN, N. *Technopoly. La resa della cultura alla tecnologia*. Torino: Bollati Boringhieri, 1993. p. 25.

[25] REGNI, R. Deriva mediatica e nuove responsabilità educative. *Dialoghi* 3 (2003) 36-43 – aqui, p. 36.

[26] A palavra *avatar* deriva do sânscrito e tem o significado de *personificação*, ou seja, assunção de um corpo físico por um *deus*. Na linguagem digital, o termo *avatar* refere-se a um processo simbólico ligado à encarnação digital de uma pessoa (cf. CANTELMI, T.; TORO, M. B.; TALLI, M. *Avatar. Dislocazioni mentali, personalitá tecno-mediate, derive autistiche e condotte fuori controllo*. Roma: Edizioni Magi, 2010. p. 15).

àquele da "segunda vida". É a mesma pessoa que se move, através de seu avatar, no mundo simulado. Esse avatar não é um *alter ego*, ao contrário, é sempre a mesma pessoa, mas que vive num espaço antropológico diferente.[27] Não é mais possível considerar a internet como um *não lugar virtual* ou uma dimensão eletrônica irreal, nem mesmo uma simples "réplica" telemática da realidade. Trata-se de uma expansão da própria realidade, em que as ações que se executam influenciam inevitavelmente também a realidade "física".[28]

O desafio formativo está no aspecto de continuidade e simbiose entre dois contextos vitais. O novo ambiente tecnológico, na qualidade de novo local de encontros e de trocas, condiciona profundamente a identidade e a vivência pessoal e encerra o risco da assimilação do sujeito no contexto digital; a tarefa educativa consiste, evidentemente, em manter viva a "diferença antropológica" que garante a peculiaridade do ser humano com relação ao espaço tecnológico.

Esse dado restabelece a compreensão da internet na formação não mais como um instrumento cujo uso deve ser admitido mais ou menos amplamente durante o horário do dia, mas como um compromisso inevitável e uma exigência prevalentemente de caráter antropológico que deve ser afrontada e, sobretudo, considerada no plano formativo.

É fundamental, então, conhecer esse novo ambiente que se tornou parte integrante da vida, no qual toda pessoa é envolvida vigorosamente e que muitas vezes força a atenção por sua especificidade. Nesse sentido o *meio* não é mais mediação entre sujeito e realidade, mas assume o perfil de uma realidade nova em si mesma,[29] que gera nos *nativos digitais* novas estruturações cognitivo-emocionais, das quais a vida consagrada deve tomar conhecimento e agir consequentemente no âmbito formativo.

A Rede é invasiva porque envolve as pessoas independentemente do consumo que se faça dela, simplesmente porque existe. Com a conexão livre, gratuita e contínua através da Rede *Wi-Fi*, os

---

[27] Cf. SPADARO, La fede nella rete delle relazioni: comunione e connessione.
[28] Cf. CANTELMI, T.; GIARDINA GRIFO, L. *La mente virtuale. L'affascinante ragnatela di Internet*. Cinisello Balsamo (MI): San Paolo, 2001. p. 7.
[29] Cf. ibid.

dispositivos com a tecnologia *wireless* [sem fio] podem conectar-se à internet sem nenhum custo para o usuário. Portanto, as gerações que hoje adentram as casas de formação são dotadas – devido à conexão – de diversos instrumentos que assumem várias funções comunicativas. E é difícil, se não impossível, verificar a modalidade de sua utilização sem correr o risco de cair num comportamento de controle, que entre outras coisas é deseducador. A portabilidade do meio, sua gestão autônoma e individual torna certamente inútil tais atitudes de vigilância ou controle. É suficiente ver um telefone celular que se transformou de telefone móvel num instrumento sofisticado com múltiplas funções. Essas incluem: câmera fotográfica, câmera de TV, gravador, leitor MP3, despertador, painel para videogame, agenda, mas principalmente um *dispositivo móvel* (uma unidade portátil) que proporciona acesso à *social network* [rede social]; o celular, além do PC, tornou-se, pois, uma plataforma para um novo caráter relacional das novas gerações, construída sem nenhuma forma de mediação.

Tudo isso adquire um significado específico do ponto de vista formativo porque evidencia uma série de ambivalências, às vezes com repercussões graves, ligadas a essa nova forma de sociabilidade que pode enriquecer a dimensão afetiva, mas também fazer afundar e afogar nos turbilhões do engano e da manipulação. Não se trata essencialmente de gerenciar individual e pessoalmente nos formandos os próprios instrumentos multimídia, mas muito mais encetar e adequar uma ação educacional que deve preceder a utilização das tecnologias. O uso do instrumento deve, pois, ser educado. Se o desenvolvimento das novas tecnologias evidencia suas múltiplas e inimagináveis possibilidades, a reflexão pedagógica orienta para aquilo que deve ser feito, volta-se para as modalidades de uso e valorização do dispositivo. As novas tecnologias não são um fim em si mesmas; são um meio que facilita os processos cognitivos e desenvolve capacidades relacionais novas com uma finalidade que não está estreitamente nem unicamente ligada ao mundo on--line. Seria uma clara e obtusa utopia acreditar que se possa viver num ambiente fortemente impregnado pela presença das mídias digitais sem que também seja influenciado o ambiente formativo. O Magistério, na instrução pastoral *Aetatis Novae*, já afirmava que "a experiência humana como tal tornou-se uma experiência vivida através dos *mass media*",³⁰ porque as novas tecnologias não influem somente no pensamento, mas na globalidade da pessoa: pensamentos, sentimentos e ações.

Uma repercussão da ação midiática na vida das pessoas é inevitável, e o comportamento de quem não concorda com sua utilização, preocupado somente com "limitar os danos", como se os meios fossem simplesmente fonte de problemas,³¹ ou de controlar exclusivamente o uso, torna-se, sem sombra de dúvida, perigoso. Nos contextos formativos, muito frequentemente se propõe às novas gerações um uso prevalentemente instrumental das novas tecnologias, como fontes de informação ou para elaborar trabalhos do curso, quando antes de seu primeiro ingresso na vida consagrada as novas mídias eram instrumentos de consumo ordinário, não só em nível pessoal, mas também no âmbito de trabalho.

Outra forma de disciplina utilizada nas comunidades formativas é aquela de estabelecer os horários para a conexão, sem, porém, fornecer uma formação adequada.³² Essa modalidade evidencia um aspecto positivo: permite estabelecer o tempo a ser passado com a comunidade local, reconhecendo assim, na vida fraterna, a exigência essencial da relação direta com as pessoas para um amadurecimento do compartilhamento e da comunhão. Mas a questão não consiste, a meu ver, só em decidir a que hora ligar ou desligar o computador. Na *galáxia internet*, pode-se abrir territórios digitais ilimitados, o que não impede a queda dentro daquela área da teia global na qual *sempre e de qualquer maneira* é possível correr riscos de encontros desagradáveis.

A formação para a comunicação é uma necessidade urgente e imprescindível. O próprio Bento XVI aponta que "a formação para um uso responsável e crítico das mídias ajuda as pessoas a

---

[30] PONTIFÍCIO CONSELHO DAS COMUNICAÇÕES SOCIAIS. Instrução pastoral *Aetatis Novae*, n. 2. Disponível em: <http://www.vatican.va/roman_curia/pontifical_councils/pccs/documents/rc_pc_pccs_doc_22021992_aetatis_po.html>.

[31] Cf. DERIU, M. *La famiglia e i mass-media*. Disponível em: <www.chiesacattolica.it/cci_new_v3/pagine/3947/Lab%2010-Deriu.doc>.

[32] Não me refiro àquelas situações em que devem ser estabelecidos os tempos para cada sujeito por motivo de falta de conexão ADSL, como em diversas zonas do mundo, devido à falta de infraestrutura estatal.

servirem-se de maneira inteligente e adequada".[33] Não é a posse do instrumento que determina o bom uso, mas o cuidado pedagógico. As novas tecnologias oferecem um campo de oportunidades positivas, mas também podem ser utilizadas negativamente.

Então, partindo dessas premissas precisas e imprescindíveis, a adequação da formação aos dias de hoje não significa apenas incluir um computador na sala da comunidade ou do noviciado, embora só a presença do instrumento nos ambientes formativos possa estimular uma dinâmica nova e comunicar a transformação de um contexto. O problema não se resolve dando a todos os formandos e formandas, se por acaso já não tenham, um *iPhone*, ou um *netbook*, ou colocando em cada sala uma conexão ADSL. O que faz diferença é a capacidade madura de relacionamento com a vida que permite tratar também as mídias digitais de forma correta e evangélica para chegar a uma liberdade interior. Portanto, o uso da internet requer um perfil antropológico amadurecido que precisa de um relacionamento equilibrado entre o mundo on-line e o mundo off-line.

A maturidade não protege das incógnitas negativas. Trata-se, todavia, de efetivar uma profilaxia preventiva indispensável com relação à utilização da internet de acordo com o antigo aforismo: prevenir é melhor do que remediar.

A difusão e a portabilidade do digital apresentam inevitavelmente implicações e consequências ineludíveis para a dimensão formativa que se vê afrontando questões novas com respeito ao passado. A formação é chamada para um compromisso com uma reformulação dos valores vocacionais que essencialmente não mudam, mas podem assumir novos modos de exprimir-se, exigir novos cursos pedagógicos e uma transmissão renovada dos próprios conteúdos à luz das novas tecnologias. A isso se deve unir a tentativa de conhecer melhor as mídias digitais para desfrutá-las conforme as próprias necessidades. Esse é um comportamento mais eficaz e útil em comparação com aquele que nega a sua presença. As mídias hoje não se limitam a fornecer dados ou a registrar as

---

[33] BENTO XVI. Mensagem para a XL Jornada Mundial das Comunicações Sociais: "As mídias: rede de comunicação, comunhão e cooperação", Cidade do Vaticano, 28 de maio de 2006.

mudanças da vida social. Muito frequentemente são participantes, ou até as induzem. Por isso é necessário aprender a gerenciá-las da maneira mais útil e eficaz,[34] com capacidade de discernimento para o crescimento pessoal e para a missão da Igreja.

Portanto, a formação para a vida consagrada deve poder proporcionar espaços para navegação na internet a fim de que seja ou se torne uma *academia de cidadania ativa*; o *estar na Rede* não é uma questão de moda, não é opcional, mas um verdadeiro e próprio *must* [necessidade], que requer cursos adequados que incentivem o crescimento de usuários críticos e criativos nas rodovias digitais.

A Rede: de possível cilada a recurso de formação

Como outros fenômenos da realidade humana, pelo imenso potencial que irradia no momento em que está nas mãos de uma pessoa, a Rede de internet está envolta de luzes e sombras. As características de ambivalência marcam fortemente não só a Rede como instrumento, mas a sua própria imagem utilizada muitas vezes no contexto bíblico. Parece-me esclarecedor um exemplo do duplo significado de "rede" à luz das Sagradas Escrituras. Já se destaca no Antigo Testamento que a rede é uma arma divina. De fato, juntamente com os laços e armadilhas, torna-se uma imagem do mal que tende a insidiar os bons. No Livro de Ezequiel (17,20), referindo-se ao último rei de Judá, Sedecias, que tinha rompido a aliança, o Senhor disse: "Estenderei sobre ele minha rede e ficará preso nas malhas [...] eu o processarei por causa da infidelidade que contra mim cometeu". Nas palavras de Jesus, ao contrário, a rede torna-se uma imagem salvífica; ligada à pesca milagrosa de Pedro, e em Mt 13,47-50 torna-se símbolo do Reino dos Céus: "[...] lançada ao mar, [...] pegou peixes de todo tipo". No fim do século II, a rede repleta de pequenos peixes simboliza a Igreja e a encontramos no ritual de batismo da época, quando o pescador simboliza o ministro do batismo e o peixe é o batizado.[35]

---

[34] Cf. DERIU, *La famiglia e i mass-media*.

[35] Cf. ARCUDI, L. *Come si formano i preti nell'era digitale*. Disponível em: <http://www.avveniredicalabria.it/index.php?option=com_content&view=article&id=561:come--si-formano-i-pretti-nellera-digitale&catid=39:primapagina&Itemid=41>.

Nessa perspectiva a internet pode ser comparada, usando uma metáfora, a uma alavanca capaz de elevar o indivíduo ao ápice do conhecimento, do saber e do bem, ou fazê-lo precipitar-se nos buracos negros do mal que pode ser conhecido, acolhido e depois, talvez, transformado em vivido. Daí deriva a consideração da Rede como *recurso ambivalente* no qual buscar evidenciar as variáveis que permitem separar com olhar evangélico o joio do trigo exatamente quando esses parecem – no princípio – totalmente iguais.[36]

Na ótica relacional, a internet

> permite às pessoas o luxo de permanecer no anonimato, de desempenhar uma determinada função, de devanear e também de formar uma comunidade com as outras pessoas e de nela participar. Em conformidade com os gostos do utente, ela presta-se tanto à participação ativa como ao isolamento passivo num "mundo narcisista, que tem a si mesmo como ponto de referência, feito de estímulos cujos efeitos são semelhantes aos dos narcóticos". A ela pode recorrer-se também para interromper o isolamento de indivíduos ou de grupos, ou para o exacerbar.[37]

Isso põe em relevo como "o uso que as pessoas fazem dos meios de comunicação social pode obter efeitos positivos ou negativos"[38] em relação ao grau de maturidade da pessoa que os utiliza. Nesse sentido,

> Não obstante geralmente se diga [...] que os *mass media* fazem isto ou aquilo, não se trata de forças cegas da natureza, fora do controle humano. Pois embora os atos de comunicação com frequência tenham consequências involuntárias, contudo são as pessoas que escolhem usar os *mass media* para finalidades positivas ou negativas, de modo reto ou incorreto (ECS, n. 1).

---

[36] Cf. POMPILI, D. *Educazione, comunicazione e annunzio: tra ascolto ed esperienza narrativa*. Relazione tenuta alla Videoconferenza dell'Istituto Figlie di Maria Ausiliatrice, Ambiti Comunicazione Sociali – Pastorale Giovanile, 6 mar. 2010.
[37] PONTIFÍCIO Conselho das Comunicações Sociais, *Ética na internet*, n. 7.
[38] Id. *Ética nas comunicações sociais*, n. 1 (doravante ECS). Disponível em: <http://www.vatican.va/roman_curia/pontifical_councils/pccs/documents/rc_pc_pccs_doc_20000530_ethics-communications_po.html>.

Toda a realidade midiática apresenta sua parcela de ambiguidade. O mundo on-line não é exceção, mas revela-se como um espaço em que os riscos e as ameaças estão presentes na mesma medida em que se pode encontrar no uso de qualquer outra *mass media*.

Os jornais são prova irrefutável disso: têm a possibilidade de veicular informações sobre a sociedade e as pessoas nos aspectos mais ou menos edificantes, mas também fazer circular material pornográfico ou lesivo para a dignidade dos outros. A especial desconfiança ou o ceticismo com respeito à Rede não são devidos somente à ambivalência do sistema digital, comum a toda mídia, mas ao fato de que ela envolve a totalidade da pessoa e não só a dimensão audiovisual da existência, mas todos os sentidos humanos. Daí que

> a racionalidade será completada com as emoções e as sensações. O rigor do intelecto será confrontado com a fantasia do imaginário e os hábitos perceptivos serão solicitados pela verossimilhança da *simulação*. O *projeto* de comunicar não será mais vinculado à disponibilidade dos dados, mas às escolhas da pessoa.[39]

A internet, com relação à vida cotidiana, é um novo *espaço antropológico* com impacto direto e envolvente na vida das pessoas, portadora de ameaças e potencialidades.

Esse novo território de referência impõe-se ao usuário, o qual pode reconhecer e acolher a elevada potencialidade da Rede porque com ela "as pessoas podem aceder diretamente a uma enorme quantidade de dados, que até pouco tempo atrás estavam fora do alcance de muitos estudiosos e estudantes" (ECS, n. 27). De outro lado,

> o indivíduo pode ascender aos píncaros do gênio e da virtude humanos, ou descer às profundidades da degradação humana, enquanto se encontra sentado sozinho, diante de um teclado e de um écran. A tecnologia mediática conquista constantemente

---

[39] SASSI, S. Vita consacrata e nuove tecnologie comunicative. In: VV. A.A. *Comunicazione e Vita Consacrata*. Suplemento para *Consacrazione e Servizio* 45 (2/1996) 91-99 – aqui, p. 98.

novas fronteiras, com enormes potenciais para o bem e o mal. (ECS, n. 27).

A formação na rede assume variadas fisionomias porque a internet é um *meio* constituído de um conjunto heterogêneo de fontes, instrumentações e ambiente em contínua evolução. É evidente, então, que não existem receitas absolutas. As dinâmicas reconfiguram-se continuamente. De um lado, a possibilidade de comunicar e informar-se aumenta de maneira exponencial, o compartilhamento de experiências e informações nunca foi tão fácil e acessível. De outro lado, diante de tanta complexidade estimulante, por sua vez reflexo da complexidade em que o indivíduo está imerso, surgem os riscos ligados ao *information overload* [excesso de informação]. Assim, se é fácil experimentar aquisições úteis na Rede, é, entretanto, fácil ficar arrebatado, dispersando-se na inumerável quantidade de materiais muitas vezes inúteis.[40]

Nesse sentido o ambiente digital pode ser vivenciado em dois aspectos diferentes: no modo condicionante ou liberador, como uma selva cheia de perigos que podem insidiar navegadores pouco atilados ou não seriamente empenhados em dar uma contribuição construtiva ao desenvolvimento da web, ou, então, como um local que oferece numerosas oportunidades a serem aproveitadas para o desenvolvimento próprio e dos outros. Realmente, depende da visão e da tipologia dos objetivos perseguidos pelo internauta.

Entre as posições dos apocalípticos fatalistas ("As mídias fazem mal") e aquelas dos inevitáveis integrados ("Sem as mídias não se pode viver") existe uma terceira via que privilegia um comportamento de pesquisa para um conhecimento melhor do funcionamento da Rede com o escopo de valorizá-la e de evitar suas distorções.[41] As diferentes oscilações entre risco e oportunidade, insídia e recurso, ameaça e conveniência das redes sociais, e ainda mais da web, demandam que a vida consagrada não recue diante do mundo digital que avança, a olhar com olhos de esperança o novo continente digital.

---

[40] Cf. CALVANI, A.; ROTTA, M. *Comunicazione e apprendimento in internet. Didattica costruttivistica in rete*. 4. ed. Trento: Erickson, 2004. p. 8.

[41] Cf. DERIU, *La famiglia e i mass-media*.

A influência das mídias na formação

Formação e mídias digitais não se encontram num relacionamento conflituoso, ao contrário, sua interação constrói certamente oportunidades novas para o desenvolvimento humano e pessoal, mas isto constitui também um desafio formativo que demanda numerosas responsabilidades.

Pretendo, portanto, destacar as consequências das diferentes abordagens da internet no âmbito da formação para compreender melhor essa realidade sem ter medo do novo que palpita no íntimo de sua estrutura, promovendo um uso sadio e cuidadoso. A presença das novas tecnologias, tanto por parte dos formadores quanto dos superiores, tem sido frequentemente considerada um fator de perturbação ou de risco ao longo do curso formativo, principalmente quando a internet é considerada somente como "um meio de divertimento e de gratificação consumista".[42] Isso reflete uma desconfiança de longa data com respeito à escolha e perseverança vocacional, especialmente para aqueles jovens ou consagrados não habilitados a utilizar a Rede e que não levam em consideração os perigos que ela pode reservar para a vida religiosa.

A internet, como todas as mídias, define, segundo Silverstone, "um espaço social, cívico e moral [...] cada vez mais autorreferente e de suporte, e sempre mais integrado na estrutura da vida de todo dia".[43] A web entra com sua dialética, entre possíveis insídias que não devem ser subvalorizadas e oportunidades favoráveis que não devem ser desprezadas, nas diversas esferas da vida consagrada, *espiritual, formativa, comunitária, apostólica*, que pretendo examinar através de uma visão panorâmica exemplificativa nas diversas áreas para evidenciar nelas aqueles fatores ou exigências que requerem maior atenção.

No plano *espiritual*, as mídias podem proporcionar um espaço "digital" para rezar, encontrar-se e falar de Deus. Quando gerenciada adequadamente, esta modalidade de contato pode dar

---

[42] PONTIFÍCIO CONSELHO DAS COMUNICAÇÕES SOCIAIS. *Igreja e internet*, n. 11. Disponível em: <http://www.vatican.va/roman_curia/pontifical_councils/pccs/documents/rc_pc_pccs_doc_20020228_church-internet_po.html>.

[43] SILVERSTONE, R. *Mediapolis. La responsabilità dei media nella civiltà globale*. Milano: Vita e Pensiero, 2009. p. 7.

vida, por exemplo, a grupos de prece on-line, que podem atingir amplas formas de participação de *ciberfiéis* espalhados em qualquer ponto do globo.[44] Assistindo a um videoclipe de caráter religioso, ou ouvindo uma meditação gravada em MP3, pode-se adquirir uma riqueza fecunda para a vida de fé, para o encontro com o Senhor. Todavia, a força evocativa dessas linguagens pode dificultar o recolhimento e o silêncio interior necessário para a escuta, a meditação da Palavra e a intimidade com Deus. O uso excessivo das novas tecnologias durante a prece não deve deixar esquecer a necessidade de alimentar a relação "direta" com o Absoluto sem mediações digitais porque, como afirma Bento XVI, "[...] ao início do ser cristão, não há uma decisão ética ou uma grande ideia, mas o encontro com um acontecimento, com uma Pessoa [...]".[45] Essa afirmação reconduz ao cerne do caminho de seguimento em que se encontram as categorias tipicamente humanas do diálogo, do encontro pessoal, da escuta, da intimidade indispensáveis para manter viva a dimensão da prece e da união com Deus ligadas principalmente à experiência individual.

Para uma fruição correta das mídias, é preciso uma dose equilibrada de tempos, uma avaliação sagaz dos locais onde se conectar e, sobretudo, a ativação de uma consciência crítica. A portabilidade dos novos dispositivos eletrônicos promove, como afirma Rivoltella, uma tendência a "colonizar os não tempos", dos quais a vida cotidiana está salpicada. A expressão *não tempo* refere-se às reflexões de Marc Augé sobre os *não lugares*. Trata-se de ambientes em que o homem moderno passa muito tempo de seus dias; apresentam características que geralmente um lugar não possui. Um lugar tem um nome (*identidade*), é caracterizado pela presença de grupos de pessoas que se conhecem (*relação*), tem uma tradição (*história*). Augé escreve:

---

[44] Cf. COMODO, V. *Consacr@ti on line. Rete per la navegazione dei religiosi in internet*. Milano: Àncora, 2006. p. 86.

[45] BENTO XVI. Carta encíclica *Deus Caritas Est*, n. 1. Disponível em: <http://www.vatican.va/holy_father/benedict_xvi/encyclicals/documents/hf_ben-xvi_enc_20051225_deus-caritas-est_po.html>.

Se um lugar pode ser definido como identitário, relacional, histórico, um espaço que não se pode definir identitário, nem relacional, nem histórico, definirá um não lugar. A hipótese que sustentamos aqui é que a supermodernidade é produtora de não lugares antropológicos [...]; os não lugares representam a época; dão-lhe uma medida quantificável extraída ao se adicionar – com alguma conversão entre superfície, volume e distância – as vias aéreas, ferroviárias, as rodovias e as cabines móveis chamadas de "meios de transporte" (aviões, trens, automóveis), os aeroportos, as estações ferroviárias e aeroespaciais, as grandes cadeias hoteleiras, as estruturas para o tempo livre, os grandes espaços comerciais e, enfim, a complexa confusão de redes a cabo ou sem fio que mobilizam o espaço extraterrestre para fins de uma comunicação tão peculiar que muitas vezes coloca o indivíduo em contato só com uma outra imagem de si mesmo.[46]

Daí o risco da consequente exclusão do silêncio interior e da reflexividade do cotidiano.[47]

Do ponto de vista *formativo*, as tecnologias digitais podem estimular novas modalidades de formação a distância. Através das mídias digitais pode-se compartilhar, por exemplo, num grupo restrito, um *newsgroup* [grupo de notícias], a Palavra de Deus, mesmo que os membros encontrem-se em comunidades diferentes. É possível ativar cursos para a própria formação com o uso das mídias ou para o aprofundamento do carisma direcionados a todos os membros da instituição. Isso melhora, com um planejamento adequado, a preparação profissional e carismática.

A comunicação intracongregacional, a realização de eventos institucionais na rede, como uma assembleia geral ou uma reunião continental, são oportunidades preciosas que incentivam o crescimento e o envolvimento da pessoa na ordem para conhecimento da própria instituição e sentido de pertencimento, reforçando a coesão institucional. Além disso, a possibilidade de pôr-se em comunicação

---

[46] AUGÉ, M. *Nonluoghi. Introduzione a una antropologia della surmodernità*. Milano: Edizioni Eleuthera, 2005 [1993]. p. 72.

[47] Rivoltella identifica os espaços dos não tempos com o tempo livre preenchido enviando SMS, telefonando ou jogando com o Game Boy (cf. RIVOLTELLA, P. C. *La pratiche mediali dei giovani*. Disponível em: <http://piercesare.blogspot.com.br/2010/03/le--pratiche-mediali-dei-giovani.html>).

e organizar encontros on-line em diversas partes do mundo economiza viagens caras e deslocamentos de um lugar a outro.

Entre a formação on-line e aquela tradicional existe efetivamente uma diferença que, porém, não depõe a favor de uma incompatibilidade entre elas, ao contrário, motiva e justifica sua integração. De fato, aquela on-line é *tecnologizada e espacialmente extensa*, enquanto a tradicional é *humana e contextualmente circunscrita*.[48]

Atreladas a esses aspectos positivos – em nível formativo quanto a uma possível abordagem superficial dos valores propostos –, fazem-se presentes algumas hesitações. E surgem algumas perguntas. Existe e como pode ser definida a possibilidade de aprofundar e assimilar os valores on-line na vida off-line? Como não desperdiçar energias humanas, espirituais e econômicas? Quais cursos identificar para fazer atingir profundidade e não permanecer na superfície tudo que foi apreendido na Rede? Tais perguntas exigem urgentemente uma resposta que ofereça pistas para uma reconsideração e um replanejamento da formação segundo uma nova mentalidade que se concretiza nos novos cursos.

Com respeito à esfera *comunitária*, o crescimento impetuoso da internet modificou e principalmente facilitou o contato entre as pessoas espalhadas em cada canto do planeta, favorecendo uma notável economia de tempo e de recursos econômicos.

O correio via internet é um meio rápido e econômico comparado ao correio normal. A *social network*, ou o *Skype* (programa de envio imediato de mensagens que permite até telefonar), ou o *Voip* (tecnologia telefônica que utiliza a conexão da internet) permitem, a custo zero, manter os relacionamentos importantes da vida, aquelas amizades que dão sabor ao cotidiano, mas também deixam prolongar as formas de dependência ou gratificação afetiva on-line que levam a pessoa a viver uma *proximidade distante* com os membros da própria comunidade.

A comunidade é o espaço em que mais se põe em jogo a verdade, a maturidade da própria capacidade de relação/comunicação.

---

[48] Cf. COMODO, *Consacr@ti on line. Rete per la navegazione dei religiosi in internet*, p. 117.

A dimensão comunitária, pois, revela a qualidade das relações fraternas que deve ser medida não só do ponto de vista interpessoal, mas também em relação ao uso e aos efeitos das mídias. Isso é facilmente justificável pelas contribuições positivas e influências negativas que podem derivar de sua utilização tanto para o indivíduo quanto para toda a comunidade. A internet pode tornar-se um *alhures digital* para afastar-se das dificuldades cotidianas da vida comunitária, um espaço no qual se pensa com superficialidade *sanar ou anestesiar* as próprias feridas pessoais, ou a necessidade natural de companhia, sem perguntar-se se essa é a estratégia mais adequada para um verdadeiro caminho de liberação e crescimento.[49]

A internet permite que o indivíduo vá a outro lugar – embora permanecendo em casa – para buscar novas relações, novas experiências, superando barreiras linguísticas e culturais. O espaço contrai-se e tem-se a sensação de ser mais íntimo dos outros.

> A percepção da redução do espaço entre comunicantes gera facilmente o que podemos definir como a "síndrome do confessionário", na qual os sujeitos encontram-se induzidos a demolir as próprias defesas comunicativas e a compartilhar dimensões pessoais profundas. Isso nem sempre é salutar, especialmente se são demandadas algumas dimensões da psicologia individual, de escolhas profundas da vida, da sexualidade.[50]

Hoje todas as comunidades e todos os membros de uma congregação podem estar em comunhão e diálogo entre si ao mesmo tempo. As próprias comunidades empenhadas em missões *ad gentes* não estão mais longe e inacessíveis para o resto da congregação. Até mesmo as missões mudaram de caráter: partir na missão agora não é mais separar-se da congregação, da família, dos amigos; os novos meios permitem ficar unidos e receber apoio e sustentação frequentes, bem como intensificar o espírito missionário dos outros membros da congregação.

---

[49] Cf. ibid., p. 117-118.
[50] MAZZA, G. Questione antropologica e nuove tecnologie. Relazione tenuta al Convegno *Chiesa in rete 2.0*, Roma, 19-20 jan. 2009.

As comunidades podem correr vários riscos devido às mídias. O mais comum é o isolamento: muitas vezes os religiosos refugiam-se nesses meios para escapar dos problemas de desajuste comunitário. Não se pode deixar de apontar as desuniões e divisões internas na congregação que esses meios podem trazer devido à rapidez de comunicação, que frequentemente ultrapassa os canais informativos legítimos. Além disso, podem constituir-se comunidades *religiosas on-line* que viajam paralelamente àquelas *off-line*,[51] provocando danos graves em nível pessoal e institucional.

Portanto, de um lado a internet e as redes sociais oferecem oportunidades inesperadas para o anúncio da fé, podem ser usadas como locais de evangelização, de compartilhamento da Palavra de Deus, de animação juvenil e vocacional, de catequese, de uma ação pastoral renovada, criativa e propositiva. De outro lado, pode-se arriscar reduzir o contato humano àquele virtual chegando a verdadeiras formas de isolamento comunitário, sintoma de problemáticas mais profundas.

Merece uma atenção particular o fator *tempo*, uma das categorias em que o ser humano define-se em sua identidade. Vem surgindo a ideia de que muitos religiosos e religiosas "desperdiçam" o tempo navegando, ou melhor, fazem uso *exagerado* da Rede, gastando energias preciosas para a própria missão. A *overdose* eletrônica produz a perda da sociabilidade dentro da comunidade de vida, torna as relações cada vez mais formais e menos fraternas.

Entre as problemáticas que se desenvolvem nesse oscilar de riscos e oportunidades em nível comunitário uma se destaca: como superar a *digital divide* [disparidade digital] presente também no interior dessas mesmas instituições e das próprias comunidades religiosas? Esse fenômeno pode assumir o caráter de uma verdadeira *community divide* [disparidade na comunidade], isto é: uma forma de divisão entre quem se move com competência e flexibilidade no uso das tecnologias e quem está quase ou completamente no escuro. Compete à autoridade legítima a atribuição de "vigilância"

---

[51] Cf. ORTEGA, C. J. Vita consacrata e cultura della comunicazione. In: VV. AA. *Vita consacrata e cultura della comunicazione*. Atti del Convegno, Roma, 26-27 mar. 2004. Cinisello Balsamo (MI): Ateneo Pontificio *Regina Apostolorum*/San Paolo, 2005. p. 23-38 – aqui, p. 27.

e solução do problema, oferecendo a oportunidade de formação nas mídias e de acesso livre a todos os membros da comunidade.

No aspecto *apostólico*, o ciberespaço é um local privilegiado para a promoção do carisma, o mapa mundial das próprias presenças. É a vitrine para comunicar a própria missão, os próprios valores, a espiritualidade. A Rede proporciona visibilidade social ao carisma institucional e impõe-se à opinião pública com um marketing de custos reduzidos.[52] Além disso, a internet pode ser usada como uma janela vocacional para suscitar nas jovens gerações o desejo de encontrar o Mestre e descobrir seu projeto de amor para eles. A Rede é um potente meio através do qual lançar uma mensagem de fé e de esperança para aproximar-se de uma humanidade muitas vezes desorientada e em busca de sentido. O ponto nevrálgico para as instituições não consiste apenas no *estar lá*, mas em como *habitar* o novo continente, quais linguagens adotar – no interior da missão específica da própria congregação – para fazer resplandecer a luz da Verdade nas malhas entrelaçadas da internet.

É preciso uma identidade institucional clara na Rede, propor e propor-se, também na *social network* [rede social], de maneira digna e adequada aos valores do Evangelho. É imprescindível e oportuno superar a tentação do exibicionismo, evitando colocar na Rede conteúdos prevalentemente autorreferenciais. Hoje em dia, para ser significativo na Rede, não basta a mera presença, pois ela sozinha não pode comunicar a paixão apostólica, o entusiasmo de uma vida toda doada por amor e para sempre ao Senhor e às pessoas da própria época.

A dimensão da personalização da relação resulta carente on-line, falta o contato humano com o testemunho da fé na realidade, o aspecto que se revela, no fim, o mais convincente e atraente na ação da evangelização.

A internet pode estimular e constituir o primeiro momento do encontro, o primeiro conhecimento digital dos apóstolos e das apóstolas do terceiro milênio, mas a fé é antes de mais nada a abertura ao transcendente, a adesão pessoal à Verdade que não se possui, mas que demanda do crente a coragem para fazer o bem

---

[52] Cf. COMODO, *Consacr@ti on line. Rete per la navegazione dei religiosi in internet*, p. 79.

concretamente em cada fragmento da vida. E tudo isso não pode derivar somente da relação on-line. É uma dimensão complexa, mas, sobretudo, um dom do Senhor.

As diferentes oscilações entre risco e oportunidade, insídia e recurso, ameaça e oportunidade da web intimam a vida consagrada para não recuar diante do mundo digital que avança. Ao contrário, impulsionam-na a um compromisso cotidiano de autoformação, vivido pessoal e comunitariamente, que atinge a sabedoria evangélica para identificar e valorizar nas mídias digitais aquele "potencial que, se bem utilizado, é um verdadeiro dom"[53] para a vida e a missão de cada consagrado e consagrada na época atual. Na medida em que os sujeitos forem treinados para filtrar, selecionar, compartilhar e gerenciar com inteligência e bom senso tudo que é produzido na Rede, aflorarão certamente as múltiplas oportunidades criadas pelas novas tecnologias da comunicação.

A pedagogia das mídias: um quadro de referência

No novo ambiente configurado pelas mídias digitais, assume um papel importante no âmbito formativo a posição que é atribuída às novas tecnologias e que é assumida com relação a elas. O poder da mídia, tanto na formação inicial quanto na contínua, não pode mais ser ignorado. Na verdade, exige um esforço renovado e urgente de conhecimento, de estudo aprofundado e de intervenção na ótica pedagógica.

Nem todas as mídias necessitam ser "ensinadas". Os sujeitos, particularmente as novas gerações, possuem em sua comunicação uma aptidão quase inata de seu valor e uso. Nessa perspectiva as mídias digitais são *autoalfabetizantes*, mas principalmente são absolutamente congeniais (do ponto de vista da linguagem, das interfaces, das modalidades de uso) com os outros estilos de

---

[53] BENTO XVI, Mensagem para a XLIII Jornada Mundial das Comunicações Sociais: "Novas tecnologias, novas relações. Promover uma cultura de respeito, de diálogo, de amizade".

comportamento dos mais jovens, os chamados *nativos digitais*,[54] aqueles que hoje percorrem as etapas da formação inicial.

A formação não pode ser de nenhum modo equiparada ou confundida com o ensinar o uso das mídias porque "o ato educativo é um ato relacional e comunicativo que se desenvolve entre sujeitos que operam no espaço e no tempo; qualquer mudança na estrutura espaço-temporal da comunicação implica de fato a alteração de modalidade do exercício educativo e, consequentemente, também dos métodos e, às vezes, conteúdos do agir".[55] Todavia, deve ser dito e reconhecido que as inovações no âmbito da comunicação encontram uma clara ressonância no campo educacional, e é necessário tomar consciência dela para intervir adequadamente. Isso deu vida a várias disciplinas que enfrentam de ângulos diversos a relação educação e comunicação. Elas concorrem para constituir a chamada *pedagogia das mídias*. Com essa expressão entende-se "o inteiro setor das problemáticas educacionais ligadas ao uso das mídias em contextos formativos"[56] a que fazem referência as quatro principais orientações de estudo: a *educação nas mídias*, a qual examinarei demoradamente mais adiante; a *tecnologia da educação*, que se ocupa principalmente com o desenvolvimento da educação com as mídias; a *ecologia das mídias*, que trata de identificar as formas de poluição *informacional* que se pode encontrar no contexto em que vive o sujeito; a *ergonomia didática*, que estuda as interações entre sujeito e interfaces e procura adaptar a tecnologia às necessidades do indivíduo a fim de que se possam acentuar os valores cognitivos e formativos vinculados com a interação interfacial.[57]

Na Itália, a *educação nas mídias* coloca-se na vertente das estratégias que tratam de "gerenciar melhor a educação na sociedade

---

[54] Cf. RIVOLTELLA, P. C. Il difficile ruolo della scuola. *Famiglia Oggi* 5/6 (2007). Disponível em: <http://www.sanpaolo.org/fa_oggi/0705f_o/0705fo32.htm>.

[55] CALVANI, A. *Educazione, comunicazione e nuove media. Sfide pedagogiche e cyberspazio.* Torino: Utet, 2001. p. 55.

[56] Id. Formazione e tecnologia della Comunicazione. Quali nuove integrazione ed aree emergenti? Citado da DELOGU, C. (org.). *Tecnologie per il web learning*; realtà e scenari. Firenze: Firenze University Press, 2007. p. 8.

[57] Cf. ibid., p. 64-65.

das informações".⁵⁸ De modo eficaz, Morcellini define *educação nas mídias* como "solução da crise da educação moderna".⁵⁹ Ela se configura não só como matéria escolar, mas também como modelo de intervenção no âmbito da formação pós-secundária, da formação permanente e em todas as circunstâncias da vida.⁶⁰ Ela se coloca como disciplina de cruzamento entre as *ciências da educação* e as *ciências da comunicação* porque apresenta uma sobreposição parcial com respeito a alguns temas e algumas problemáticas dos dois âmbitos diversos de estudo e de pesquisa. Nesse sentido ela se constituiu como "interdisciplinar" que assume algumas semelhanças estruturais e alguns elementos comuns entre as *ciências da educação* e as *ciências da comunicação*, dando vida a uma "fértil passagem de fronteiras"⁶¹ através da invasão de diversos campos.

Rivoltella dedicou-se particularmente ao aprofundamento epistemológico da *educação nas mídias*. Ele concebe a área de interseção não como uma disciplina em sentido estrito nem como um conjunto de instrumentos e metodologias livremente utilizáveis, mas como uma área interdisciplinar que recolhe as contribuições das duas áreas de referência. Mais tarde, outra estudiosa, Agata Piromallo Gambardella, identificou não tanto a peculiaridade das contribuições provenientes dos dois campos quanto os dois conceitos que, em sua opinião, pertencem a ambos os setores e, portanto, podem ser considerados como o núcleo fundamental e geracional da *educação nas mídias*. Trata-se do conceito de *formação* e de *interpretação*. A formação não pertence só à pedagogia, mas também ao campo das mídias e a interpretação não é patrimônio exclusivo das ciências da comunicação, porque a pedagogia pode ser vista como uma hermenêutica da formação e a ação educativa como um texto.⁶² Logo, a *educação nas mídias* resulta devedora de

---

⁵⁸ CANGIÀ, C. La formazione alla comunicazione. *Orientamenti Pedagogici* 53 (1/2006) 21-35 – aqui, p. 28.

⁵⁹ MORCELLINI, M. La comunicazione e i media nell'epoca del policentrismo formativo. In: GRANGE SERGI, T.; ONORATI, M. G. (orgs.). *La sfida della comunicazione all'educazione*. Milano: Franco Angeli, 2006. p. 21-33 – aqui, p. 21.

⁶⁰ Cf. RIVOLTELLA, P. C. *Media education. Modeli, esperienze, profilo disciplinare*. Roma: Carocci, 2001. p. 23.

⁶¹ CALVANI, Formação e tecnologia da comunicação..., p. 7.

⁶² Cf. FELINI, D. *Pedagogia dei media*. Brescia: La Scuola, 2004. p. 149-150.

dois campos de estudo, as *ciências da educação* e as *ciências da comunicação*. Sua identidade, segundo Rivoltella, pode ser definida assim: "Aquele espaço particular das ciências da educação e do trabalho educacional que consiste em produzir reflexões e estratégias operacionais no que se refere às mídias entendidas como recurso integral para a intervenção formativa".[63]

O mundo da formação é chamado para *interceptar as novas tecnologias*. Isso significa aceitar a necessidade de uma *troca cultural*, isto é: alinhar-se de maneira que a formação se reprojeta em relação às mídias; reconsiderar o significado do *ensino/aprendizagem* com atenção particular para com as exigências formativas do sujeito e a personalização do curso; rever os *espaços da formação*, isto é: os ambientes formativos para integrar os instrumentos e linguagens diferentes.[64]

A pedagogia que se faz necessária tem as características da colaboração e da cooperação, nas quais se integram os recursos e as responsabilidades dos formadores e dos formandos. Trata-se de uma pedagogia que arrebata para o "fazer", que valoriza a pesquisa e a criatividade, que promove a autonomia e a autoestima; uma pedagogia que sabe recuperar o valor do assombro e da maravilha,[65] que deixa o gosto por aprender continuamente.

A educação nas mídias e a formação

É corolário de tudo que foi afirmado até agora que a *educação nas mídias* deve formar comportamentos e competências nos sujeitos que permitam uma compreensão crítica com respeito à natureza, às categorias das mídias e às técnicas empregadas por elas.[66]

Na vida religiosa, o gerenciamento da comunicação nos espaços formativos tem o objetivo de desenvolver e incrementar uma *competência comunicativa* tal, como afirmado por Mario

---

[63] RIVOLTELLA, *Media education. Modeli, esperienze, profilo disciplinare*, p. 37.
[64] Cf. ibid., p. 145-146.
[65] Cf. CANGIÀ, C. *Teoria e pratica della comunicazione multimediale nella scuola, nella formazione professionale*. Roma: Tuttoscuola, 2001. p. 106-107.
[66] Cf. GIANNATELLI, R. *MED; viaggio nella media education in Italia (dieci anni di media education in Italia)*.

Calabresi, diretor de *La Stampa*, que "nos faça ser envolvidos pela Rede sem arrebatar-nos"[67] e, assim, tornarmo-nos portadores versados de verdades confiáveis e verossímeis. É preciso construir e difundir a mensagem da fé no mundo digital evitando a mera transposição on-line da mensagem evangélica, usando corajosamente e com criatividade as linguagens e tecnologias para atualizar o "ler e escrever" da vida consagrada conjugada com a nova cultura das mídias. De forma bastante resumida, deslocando a atenção, respectivamente, do *sujeito*, das *mídias* e da *aprendizagem*, os conteúdos da *educação nas mídias* podem declinar-se, também em referência à vida consagrada, como um educar *nas mídias*, um educar *para as mídias*, um educar *com as mídias*.

Quando se fala de educar *nas* mídias o foco está no sujeito. As mídias, nesse caso, são o "contexto", o ambiente comunitário, formativo, apostólico. A atenção volta-se para salvaguardar o crescimento do indivíduo, protegendo, em particular, suas exigências de liberdade, criatividade, autonomia, senso crítico. Nesse âmbito é importante compreender as modalidades de fruição/interação das mídias digitais. Se se fala de educar *para* as mídias, a atenção para com elas é o objetivo do próprio curso educativo com referência à compreensão crítica das próprias mídias, entendidas não só como instrumentos, mas como linguagem, recurso, ambiente e cultura. Elas são, portanto, o próprio objeto da aprendizagem. Nesse campo surgem, em primeiro lugar, os conceitos de "alfabetização" ou outros mais complexos, como "educação tecnológica" ou "competência midiática", noções sujeitas, todavia, a contínuas revisões em função também das inovações tecnológicas. Finalmente, se se fala de educar *com* as mídias, elas são consideradas como instrumentos que podem, de variadas maneiras, potencializar o processo formativo do sujeito.[68]

Formar através das mídias torna-se um esforço voltado, em particular, para os formadores e as formadoras do novo milênio, os quais têm a oportunidade de estimular o crescimento das pessoas

---

[67] CALABRESI, M. Media, linguaggi e crossmedialità. Intervento Video al Convegno ecclesiale nazionale. *Testimoni Digitali. Volti e linguaggi nell'era cross mediale*. Roma, 22-24 abr. 2010.

[68] Cf. CALVANI, Formazione e tecnologia della Comunicazione. Quali nuove integrazione ed aree emergenti?, p. 8-9.

a eles confiadas através da modalidade colaborativa e cooperativa na ótica do *aprender fazendo*. Podem ser consideradas três grandes tipologias de intervenção na *educação nas mídias*: aquela que privilegia o aspecto da compreensão das mensagens midiáticas e do sistema de comunicações de massa (orientação voltada para a *formação* de *conhecimentos*); aquela prevalentemente dirigida à potencialização da fruição correta e consciente dos instrumentos para comunicar (orientação voltada para a *formação* de *hábitos*); enfim, aquela que se preocupa, sobretudo, em ensinar as modalidades de produção de mensagens originais nas diversas linguagens possíveis (orientação voltada para o aperfeiçoamento das capacidades de expressão e à *formação* de *habilidades*). Trata-se, essencialmente, de três modelos de educação nas mídias em termos um pouco esquemáticos e que permitem catalogar as experiências e as propostas de forma simples e clara. É sabido que uma boa educação nas mídias nasce de um conjunto de todas as três modalidades operacionais, mas é difícil pensar em projetos de *educação nas mídias* que satisfaçam todas as finalidades contemporaneamente. O importante é ter consciência da orientação que toma a própria ação educativa.[69]

Tudo que foi escrito até aqui tem todo o direito de fazer parte da formação para a vida consagrada. De fato, nela é indispensável a elaboração de projetos e programas formativos que contemplem uma educação nas/para/com as mídias. O cuidado educacional para com elas deve tornar-se, indiscutivelmente e sem adiamentos, parte integrante do curso formativo.

A dieta midiática da qual tanto se fala, também na vida religiosa, deve ser incluída dentro de um processo educacional que abarque todas as fases formativas.

Em resumo: pode-se afirmar que a formação *para o uso das mídias utilizando as mídias num contexto formativo e de aprendizagem* é a chave de acesso para entrar como apóstolos digitais no ciberespaço.

---

[69] Cf. FELINI, D. *Prefazione*. In: BAGGIO, G.; SOPRANI, M. *Medi@nte. Percorsi di media education a scuola, in famiglia e in parrocchia.* Cantalupa (TO): Effata Editrice, 2006. p. 3-5.

Em julho de 2009, em Malibu (Califórnia), pude entrevistar Elizabeth Thoman[70] com respeito à sua notável experiência de estudos e de trabalho na *educação em mídias*, mas também como mulher consagrada. Ela, diante da pergunta sobre a relação entre a *educação nas mídias* e a formação para a vida consagrada, considera necessária a abertura das instituições religiosas a programas de formação nas/para/com as mídias que, embora bastante recomendadas pelo Magistério eclesial, na prática da vida comunitária e formativa possuem uma escassa ressonância. Parece-me particularmente significativa sua definição de *educação nas mídias*:

> No centro da educação nas mídias coloca-se o princípio de pesquisa. Essas palavras vieram-me à mente dez ou quinze anos atrás e desde então eu sempre as usei. Embora a educação nas mídias tenha assumido um grande desenvolvimento, o que conta é aprender a pôr-se perguntas sobre aquilo que se vê, o que se pensa e sobre como se responde. Fazer-se perguntas sobre como as pessoas reagem, fazer-se perguntas sobre o que poderia ser diferente. Como interagimos com as *mídias culturais* em que vivemos? Isso está no cerne da *alfabetização midiática*. Não é a tecnologia que conta. Trata-se de aprender, de fazer-se perguntas, de pensar no que está acontecendo entre nós e a cultura em que vivemos.[71]

É interessante notar como o destaque de Thoman não está concentrado nas mídias, nas inovações tecnológicas, mas nos processos mais envolventes da experiência existencial, ou seja: na necessidade de colocarmo-nos em *atitude de pesquisa contínua* no sentido autêntico das coisas; no *aprender a aprender*, aprendendo a decidir o que procurar, como verificar as informações recolhidas, como usá-las, como ligá-las aos nossos conhecimentos já possuídos e transformá-las em ações; no *tornar-se perito em perguntar* numa cultura que, ao contrário, sabe proporcionar, sobretudo, respostas a todas as necessidades dos indivíduos. Nessa direção encontra-se

---

[70] Irmã Elizabeth Thoman, da Congregação da Humildade de Maria (CHM), fundadora do *Center for Media Literacy* [Centro de Alfabetização Midiática] de Los Angeles (CA), é uma figura de fama internacional e líder mundial da *educação nas mídias*.

[71] Entrevista de Elizabeth Thoman, julho de 2009.

a chave da pedagogia das mídias, na qual o formador deve acima de tudo aprender a arte de "suscitar perguntas", segundo a arte maiêutica do método socrático, que estimula a participação ativa das pessoas em cada fase formativa. É preciso estimular perguntas sobre o significado do vivido para facilitar um pensamento crítico e reflexivo nos sujeitos capaz de saber filtrar e escolher as informações num sentido construtivo e criativo.

OS FORMADORES E AS INOVAÇÕES TECNOLÓGICAS

A rápida transformação em andamento, com a criação de inéditos espaços comunicativos, *implica*, ou melhor, *deve pressupor* nas instituições religiosas uma atenção constante e focalizada na formação, considerada a chave de retorno para a renovação das instituições religiosas.[1]

Edgar Morin sustenta que "a sociedade produz a escola que produz a sociedade".[2] Parafraseando, poder-se-ia afirmar que *a vida consagrada produz a formação que produz a vida consagrada* de uma instituição religiosa específica. Na realidade, se a vida religiosa é um macrossistema constituído de diversos subsistemas, entre os quais a formação, esta última é um microssistema no qual se refletem as características do estilo global da vida consagrada que tende a se reapresentar nos cursos formativos. Aqui entram em jogo a figura e a ação do formador. Ele faz parte de uma rede mais ampla de mediações pedagógicas, entre as quais, em primeiro lugar, a ação do Espírito Santo, depois o próprio sujeito, a comunidade, o contexto sociocultural. Nessa *misteriosa* dinâmica de relações o formador não deverá jamais se esquecer de ser *somente* mediador dessa ação humana e divina, rigorosamente um *servo inútil*.[3] Acima dessa convicção, que serve de cenário para o ministério

---

[1] Cf. CONGREGAÇÃO PARA OS INSTITUTOS DE VIDA CONSAGRADA E AS SOCIEDADES DE VIDA APOSTÓLICA. Istruzione *Potissimum Institutioni*. Direttive sulla formazione negli istituti religiosi, 2 fev. 1990, n. 1. (Doravante PI.)

[2] MORIN, E. *La testa ben fatta. Riforma dell'insegnamento e riforma del pensiero.* Milano: Raffaello Cortina, 2000. p. 104.

[3] Cf. CENCINI, A. *I sentimenti del Figlio*. Bologna: EDB, 1998. p. 42-51.

do formador, surge a urgência de repensar sua atividade, mas na perspectiva de um contexto formativo impregnado de *midialidade*. São múltiplas as expectativas e as exigências com relação ao papel que hoje parece expressar a riqueza e o mal-estar da época atual. O trabalho do formador é considerado decisivo no processo de crescimento pessoal e carismático da pessoa. Seu *apostolado* formativo sábio e previdente torna-se um elo indispensável que deve ser certamente reforçado para não enfraquecer a cadeia das diversas dimensões da vida consagrada.

Ainda que a vida religiosa tenha-se movido muitas vezes com passo lento ao longo dos movimentados trajetos de mudança, é decisivo para o formador colocar-se uma série de perguntas para identificar as possíveis vias de resposta também originais: que competências deve ter hoje um formador para comunicar os conteúdos dentro de contextos sociais fluidos e em contínua metamorfose no plano das linguagens, dos valores e das expectativas? Quais metodologias deve usar? Quais modalidades de ação formativa deve encetar? Que papel atribuir às tecnologias na atividade formativa? Como – na realidade das múltiplas e variadas situações – enfrentar as ambivalências da digitalização na ótica de quem é chamado a formar?

Não se deseja sobrecarregar com excessivas responsabilidades e pesos a figura e a função do formador, quer seja ele pertencente às velhas, quer às novas gerações, mas delinear algumas características das competências necessárias que deve adquirir à luz das novas tecnologias, que, em minha opinião, podem constituir uma plataforma formativa ulterior a ser utilizada de maneira eficaz pelas pessoas a ele confiadas tanto no aspecto do desenvolvimento cultural quanto da fé.[4]

Os formadores na era digital

A vida consagrada deve equipar-se para proporcionar aos formadores de qualquer idade chamados a *navegar* nos novos espaços desta era os instrumentos adequados que suportem o

---

[4] Cf. CANGIÀ, C. Le nuove tecnologie: una piattaforma per l'educazione? *Rivista di Scienze dell'Educazione* 42 (3/2004) 420-443.

desenvolvimento de competências específicas não só do ponto de vista espiritual, antropológico e carismático, mas também no aspecto da alfabetização digital. De fato, hoje a formação está distribuída num ambiente certamente transformado pela ubiquidade e invasão das novas tecnologias.

Não é pedido ao formador que se torne um *superperito tecnológico ou informático*, mas que conheça as possibilidades das mídias digitais e que as experimente para abandonar principalmente a lógica de medo da internet e das inovações tecnológicas e saber reconhecer as mudanças qualitativas que derivam da presença, até nos ambientes da vida religiosa, das mídias digitais, as quais configuram modalidades de aprendizagem e de participação inéditas[5] nos contextos cotidianos da vida e da missão.

Como sustenta Rivoltella, na época atual "toda figura empenhada em qualquer contexto formativo deve possuir competências com relação às mídias. Trata-se de uma evolução genética no campo das profissões formativas".[6] É útil estar convencido e ciente de que conhecer e adquirir competências tecnológicas significa ter critérios claros e ser capaz de efetuar escolhas no âmbito comunicativo, segundo os fins que a vida consagrada e, mais especificamente, a instituição religiosa pretende privilegiar. Isso permite a quem educa identificar dentro do caminho formativo as tarefas específicas para as novas tecnologias que devem ser integradas nas estratégias formativas tradicionais.

Portanto, resta, fundamentalmente, reconhecer que a internet não é em si só um ambiente de aprendizagem, mas é um conjunto extraordinariamente amplo de potencialidades abertas para aprender. Assim, transpondo tudo o que acontece para o docente no ambiente escolar, também para o formador é necessário definir, reservar, adaptar, esclarecer um conjunto de recursos preciosos direcionados para fazer experimentar novas formas de contato, de relação e de expressão pessoal e coletiva, não obstante os riscos que, todavia, permanecem. Em cada caso o formador deve avaliar qual deve ser a solução mais adequada no âmbito de sua ação educacional, que *mix*

---

[5] Cf. ibid.
[6] RIVOLTELLA, P. C. *Media education. Modeli, esperienze, profilo disciplinare*. Roma: Carocci, 2001. p. 149.

de dispositivos deve ser conveniente adotar entre os dois extremos da espontaneidade completa e do comportamento dirigido,[7] a fim de que as mídias sejam consideradas instrumentos educativos no paradigma formativo do terceiro milênio.

Normalmente, no cenário da formação on-line o formador é considerado como um *facilitador da aprendizagem ou da comunicação*. Essa ação facilitadora manifesta-se, por exemplo, na criação de ambientes com instrumentos atualizados, na produção de materiais estruturados racionalmente; na ajustagem dos espaços on-line para a retomada dos temas tratados durante os encontros e as lições. Na realidade, trata-se de facilitar para o discente, aproximando-se de seu caminho para orientá-lo entre os recursos disponíveis e valorizando suas contribuições na construção do conhecimento.[8] O que foi afirmado pode ser lido também de uma perspectiva ulterior: o formador que utiliza as mídias digitais passa de *facilitador de aprendizagens e da comunicação* a *facilitado pelas vantagens* que recebe das próprias novas tecnologias.[9]

No âmbito da formação para a vida consagrada, o uso das novas tecnologias na comunidade formativa deve ser visto como um novo *estilo participativo*,[10] que já em si tem um valor formativo porque conjuga não tanto a facilitação da aprendizagem quanto o fazer aflorar, promover, ajudar a surgir novas potencialidades nos sujeitos.[11] Logo, a utilização de novas tecnologias pelo formador deverá visar à requalificação de sua ação formativa para atribuir valor ao que surge pelo uso da Rede, focalizar a atenção em alguns aspectos do curso formativo relativamente a outros.[12]

---

[7] Cf. CALVANI, R.; ROTTA, M. *Comunicazione e apprendimento in internet. Didattica costruttivistica in rete.* 4. ed. Trento: Erickson, 2004. p. 8.

[8] Cf. ARDIZZONE, P. E-learning e cambiamento della funzione docente. *Orientamenti Pedagogici* 53 (2/2006) 103-110 – aqui, p. 108.

[9] Cf. ibid.

[10] A etimologia da palavra *participar* é latina. Ela é composta de *partem capere*, isto é: tomar uma parte dentre outras partes, ser envolvido, agir ativamente com alguém. Poder-se-ia dizer que *participar é construir juntos o futuro,* também no campo formativo.

[11] Cf. ARDIZZONE, E-learning e cambiamento della funzione docente, p. 109.

[12] Cf. ibid.

Parece-me urgente focalizar agora, servindo-me de três verbos, aquelas características específicas inter-relacionadas que delineiam e resumem as atribuições do formador no uso das novas tecnologias. Não se trata de pôr à prova somente competências pessoais, embora adquiridas com o estudo e a experiência, mas sérios deveres e responsabilidades da instituição à qual pertence o formador e da qual é mediador.

- *Aprender.* A nova cultura exige do formador, prevalentemente o *imigrante digital*, chamado a interagir com os *nativos digitais*, novas aprendizagens ligadas à nova cultura a fim de ter uma visão mais objetiva e autônoma dos termos em questão sem mitificar ou diminuir, por exemplo, os efeitos e o papel das mídias.

Trata-se de aprender as mídias: uma aprendizagem que não é fim em si mesmo, mas orientada para intervenções visadas pela utilização das tecnologias no âmbito da formação.

- *Acompanhar.* O formador, neste novo espaço ou contexto formativo, certamente interagindo com uma multiplicidade de fontes informativas e formativas, não poderá jamais subtrair-se do compromisso e da atividade que devem pôr em campo as pessoas a ele confiadas.[13] Ele deverá exercer com paciência e inteligência a arte maiêutica, segundo a qual, "mais do que um modo de ensinar, ela é criação de contextos de aprendizagem para si mesmo e para os outros. É a arte de perguntar ali onde a pergunta não é qualquer interrogação, mas atenção para com aquilo que pode levar à existência do desenvolvimento de alguém, a expressão de um ser".[14]

A arte maiêutica inspira-se numa pedagogia ativa e não diretiva, através de um acompanhamento pessoal e de grupo, entre o formal e o informal, com o escopo de saber estar presente no momento justo e acompanhar – oferecendo orientações e estímulo – os próprios interlocutores. Isso exige uma premissa fundamental: o *maiêutico* ou formador deve ele próprio ter feito esse caminho.

---

[13] Cf. PELLEREY, M. Sulla formazione degli educatori. In: MALIZIA, G.; TONINI, M.; VALENTE, L. *Educazione e cittadinanza. Verso un nuovo modello culturale ed educativo.* Milano: Franco Angeli, 2008. p. 166-183 – aqui, p. 171.

[14] COZZO, A. *Conflitualità nonviolenta;* filosofia e pratica di lotta comunicativa. Milano: Associazione Culturale Mimesis, 2004. p. 176-177.

Contanto que o desafio não esteja na construção das respostas, mas em saber fazer as perguntas certas ajustadas às efetivas necessidades e interesses das pessoas em um ambiente virtual que já contém todas as respostas num modo nem sempre fácil de descobrir quando não se é perito em navegação.[15]

Como poderia ocorrer na realidade? Parece-me muito esclarecedor, e eu tive a experiência pessoal, recorrer, como sustenta Rivoltella, à *atividade de glosa*[16] como espaço de intervenção formativa. Na Antiguidade, as *glosas* eram aquelas notas explicativas ou interpretações postas à margem dos manuscritos ou entre as linhas do texto para explicar vocábulos ou frases. Ora, *fazer atividade de glosa* no âmbito das mídias é uma receita didática simples e banal. Exprime também no contexto formativo o desenvolvimento de uma atividade interpretativa sem arvorar-se como autoridade no assunto.[17]

Para o formador, pode significar, por exemplo, saber acolher o desafio da cibercultura construindo junto com o grupo de formandos ou formandas momentos de pesquisa que ajudem a descobrir as grandes potencialidades oferecidas pela Rede; produzir informações e comunicá-las (escrever jornais on-line, newsletter, blog, que proporcionem a documentação, participar de fóruns temáticos, criar espaços de prece on-line, publicar clipes formativos ou espirituais na *social network* etc.) para desenvolver uma presença colaboradora e significativa na Rede.[18] O formador deve estar ciente de que "não é tanto a sua ação individual que influencia, mas a sua

---

[15] Cf. FALCINELLI, F. Il ruolo del "maestro" nella cybercultura. In: VV. AA. *Maestro, maestri, nuovi maestri*. XL Convegno de Scholé. Brescia: La Scuola, 2002. p. 208-213 – aqui, p. 208.

[16] Cf. RIVOLTELLA, P. C. "Media education: una guida necessaria". Alcolizati, naufraghi e analfabeti. Disponível em: <http://www.ilmediario.it/cont/stampa.php?articolo=77&canale=Terza&sezione=2>.

[17] Rivoltella exemplifica o desenvolvimento da *atividade de glosa* no relacionamento pais-filhos com algumas intervenções educativas: por exemplo, comentar juntos um filme ajuda a comunicar com os próprios filhos sem pedantismo ou excessiva intromissão (cf. RIVOLTELLA, P. C. *I media: la cultura della provocazione*. Sintesi della realzione a cura de Viviana Vitari Marchioro. Disponível em: <http://www.darosciate.it/sintesi_rela_e_rivoltella.pdf>).

[18] Cf. FALCINELLI, Il ruolo del "maestro" nella cybercultura, p. 212.

capacidade de operar com os outros para construir um ambiente que seja autenticamente formativo".[19]

De fato, pensar e planejar em conjunto constitui a base de qualquer processo construtivo e eficaz. Na verdade, trata-se de identificar nas comunidades formativas, e não só nelas, aquela *modalidade de glosa* relativa à navegação, aos locais visitados, aos conteúdos produzidos e baixados, para ajudar a pensar de forma crítica e autônoma, características indispensáveis para um caminho em direção à maturidade. Deve-se notar, pois, que a atividade de glosa deveria estender-se não só à web, mas também ao uso de outras mídias, como, por exemplo, assistir juntos a um filme, a leitura de um artigo de jornal.

• *Testemunhar*. O testemunho é a chave premiada para todo processo formativo. Como escreve Edda Ducci: "Para a totalidade e completude do ato educativo importa o máximo esforço do educando e a máxima convicção existencial do educador. [...] A mudança de mentalidade do educando para realizar-se requer a mudança já ocorrida na mentalidade do educador".[20] Este é um esforço contínuo que exige do formador um requisito fundamental: a paixão de educar-se para educar.

De quem educa é exigido acima de tudo aquela credibilidade que "se adquire sobretudo com a coerência da própria vida e com o envolvimento pessoal, expressão do verdadeiro amor".[21] O formador é chamado a propor-se como testemunho da verdade e do bem, testemunho talvez não perfeito, mas sempre disposto a colocar-se e recolocar-se em sintonia com a sua missão, e a não renunciar jamais ao exercício de sua responsabilidade. No contexto do mundo digital, isso significa, para o próprio formador, assumir um comportamento equilibrado com respeito ao uso das tecnologias, como o telefone celular, a internet, MP3, porque o que mais conta no fim é sua atitude imperturbável, dependente ou equilibrada quanto às mídias. É tal estilo de vida que deixará uma

---

[19] Ibid.
[20] DUCCI, E. *Approdi dell'umano*. Roma: Anicia, 2002. p. 59.
[21] BENTO XVI. Carta às dioceses e à cidade de Roma sobre a tarefa urgente da educação, Cidade do Vaticano, 21 de janeiro de 2008.

marca em seu interlocutor e, se for um comportamento ponderado e amadurecido, tornará confiável o que disser.

À luz de tudo que foi dito, pode-se sustentar que diante de desafios formativos ligados ao mundo digital o formador deve principalmente educar e não proibir o uso das tecnologias, propor e não impor um determinado comportamento em relação às mídias, "promover e não controlar"[22] a utilização das mídias.

Assim, surge um perfil de formador – certamente para construir-se e reconstruir-se todo dia, válido, todavia, não só para a era digital – que não tem medo do confronto e vê na contribuição dos outros uma riqueza, não uma ameaça. Não é autorreferenciado nem fechado em si mesmo, mas coloca-se com uma atitude de constante pesquisa e autoanálise, por isso que até os momentos de crise e de erro são assumidos e interpretados como elemento de maior consciência e autêntica autoformação.[23] Acima de tudo, o formador não deve jamais esquecer que foi escolhido para esse ministério delicado independentemente de seus méritos.

A formação dos formadores

Para um futuro de renovação e qualidade, será imprescindível que as instituições continuem a investir na preparação dos formadores a fim de que saibam unir ao dom da sabedoria espiritual as luzes oferecidas "pelos instrumentos humanos que podem ser de ajuda tanto no discernimento vocacional quanto na formação do novo homem para que se torne autenticamente livre".[24] Disso resulta que a condição indispensável para a renovação da vida consagrada é

> que sejam destinadas para a formação as melhores forças, mesmo que isso demande notáveis sacrifícios. O emprego de pessoal qualificado e a sua adequada preparação são um dever prioritário. Devemos ser bastante generosos para dedicar o tempo e as melhores energias à formação. As pessoas dos consagrados, com efeito,

---

[22] RIVOLTELLA, P. C. *Screen generation. Gli adolescenti e le prospettive dell'educazione nell'età dei media digitali.* Milano: Vita e Pensiero, 2006. p. 186.

[23] Cf. FALCINELLI, Il ruolo del "maestro" nella cybercultura, p. 212.

[24] Ibid.

estão entre os bens mais preciosos de que a Igreja dispõe. Sem elas, todos os planos formativos e apostólicos restam mera teoria, desejos ineficazes (PC, n. 18).

Nesse percurso resta fundamental uma pergunta estratégica: quem formará os formadores?

> De fato, não basta formar cada um se ao mesmo tempo não se formam também os formadores e os responsáveis pela formação, a comunidade e as estruturas conectadas. De outro modo, seria como preparar operários superespecializados para máquinas obsoletas e inadequadas. E, na verdade, basta ver os resultados da formação de jovens consagrados dos últimos anos para perceber de imediato um notável entrave com iguais repercussões na fragilidade vocacional e na própria fraqueza de personalidade.[25]

A formação dos formadores é, pois, um elemento cardeal para a vida consagrada, que, a cada dia, deve confrontar-se com as mudanças socioculturais e com o entrelaçamento de perguntas e necessidades formativas provenientes dos indivíduos. Diante da complexidade de tal trabalho, são exigidas novas competências do formador por causa da rapidez das mudanças socioculturais, bem como do ponto de vista pessoal. É necessário, sobretudo, a motivação para preparar-se cada vez melhor através de um sério trabalho sobre si mesmo – como o ouro no cadinho – que permita a cada dia crescer pessoalmente na síntese dinâmica e vital entre as ciências humanas e espirituais, entre o componente antropológico e o teológico, entre dimensão humana e espiritual.

Tal patrimônio de vida torna-se como a herança que um formador oferece com competência e humildade como método normal de crescimento ao longo do curso formativo. Tais observações dão início para refletir sobre a necessidade de uma formação dos formadores que tenha características e considerações específicas para enfrentar o dia de hoje da formação. Um passo importante foi dado com a instituição de *centros qualificados de formação para*

---

[25] ROGGIA, G. Agenzie formative nella vita consacrata: verso la frammentazione? *Orientamenti Pedagogici* 51 (4/2004) 647-655 – aqui, p. 651.

formadores em diversas partes do mundo, que resultam bastante diversificados pela metodologia, mas principalmente pelo modelo teórico de formação assumido, que evidencia a concepção diferente com respeito ao papel e às atribuições do formador.

Uma das principais insídias para o futuro é a carência de formadores qualificados, os propulsores de uma verdadeira transformação, que focalizem a atenção para manter não tanto um estilo de presença numericamente relevante, mas uma qualidade de vida e de presença evangelicamente significativa. A vida consagrada deve certamente focalizar a atenção e os esforços na formação dos formadores sob todos os pontos de vista do viver humano, e também naquele da comunicação. Permanece fundamental, de acordo com as orientações do Diretório das Comunicações Sociais, que

> todos os fiéis, cada um segundo suas próprias capacidades e responsabilidades, devem poder dispor de instrumentos para compreender a mudança cultural determinada pela evolução midiática. Os operadores pastorais, em razão da própria missão, são chamados a confrontar-se com um processo de comunicação da fé que os comprometa a conhecer e valorizar as diversas linguagens midiáticas (CM, n. 203).

Trata-se de uma orientação voltada a todos os animadores com o fim não só de possuir os instrumentos tecnológicos, mas principalmente adquirir os critérios adequados para a utilização das mídias digitais. Para o futuro próximo, é urgente estimular espaços e tempos de formação para os formadores não só nos ambientes tradicionais, mas também no ambiente on-line. Existe uma forte necessidade de criar momentos de continuidade entre a atividade de formação/atualização e as atividades de transferência com ações de suporte na Rede que não pretendam ser a única resposta formativa para os formadores, mas que sirvam de auxílio.

Isso requer que as instituições, antes de mais nada, criem possibilidades de acesso à Rede para aqueles que estão empenhados no campo formativo. O escopo é permitir uma nova modalidade de formação a distância que, todavia, não deve permanecer como uma forma isolada e unidirecional devido ao evidente ponto débil ligado também aos tempos de espera nas interações que comportam tempos desacelerados nas eventuais decisões que, ao contrário, poderiam ser tomadas em poucos instantes de presença.[26]

As instituições religiosas deveriam programar tempos de formação segundo uma modalidade chamada *blended*, ou seja: mista, entre interação na Rede e em presença para manter alimentada a relação interpessoal, que permanece sendo a dimensão fundamental em que se concentra o processo formativo.

Através da comunicação cara a cara, transmitida pela linguagem corporal, são passadas mensagens não verbais que revelam a dimensão emotiva e afetiva da pessoa. Ainda que graças à inovação tecnológica seja possível diminuir as distâncias e construir um tipo de interação social *virtual*, em minha opinião falta entre os usuários o contato interpessoal como ponto crucial e trama profunda do viver cotidiano e de cada atividade, de modo particular aquela educativa.

Já faz tempo que no contexto acadêmico ou nas organizações floresceram iniciativas fundadas no conceito de *comunidade on-line*, denominadas *comunidades de prática*, que estimulam "não só o processo de aprendizagem de conhecimento no campo de uma prática específica, mas também a identificação pelos participantes com a profissão que estão exercendo".[27]

As *comunidades de prática* são comunidades on-line constituídas de grupos de pessoas que compartilham um interesse ou uma paixão por algo e aprendem a melhorar ao interagirem com regularidade. Portanto, "são estruturas especiais baseadas no conhecimento"[28] e como meio para viver um constante processo autoformativo.

---

[26] Cf. CALVANI, A. *Comunità di pratica e di apprendimento*. Disponível em: <http://www.costruttivismoedidattica.it/articoli/Calvani%20-%20ComunitaApprendimento.pdf>.

[27] TRENTIN, G. *Apprendimento in rete e condivisione delle conoscenze. Ruolo, dinamiche e tecnologie delle comunità professionali on-line*. Milano: Franco Angeli, 2004. p. 141.

[28] WENGER, E.; McDERMOTT, R.; SNYDER, M. W. *Coltivare comunità di pratica. Prospettive ed esperienze di gestione della conoscenza*. Milano: Guerini e Associati, 2007. p. 44.

Faz tempo que em minha experiência de formadora ouvi dos formadores de diversas partes do mundo a exigência de unirem-se em rede, ao menos no nível da própria congregação, para *comunicar, compartilhar, colaborar* e *cooperar*.

Os formadores podem unir-se na Rede através da ativação de blogs ou plataformas de redes sociais, criando uma comunidade de prática de formadores/formadoras para:

- construir um sentido de pertencimento fundado no compartilhamento de uma mesma linguagem, de experiências formativas;

- estimular um caminho de comunhão, de compartilhamento de saber e de práticas formativas marcado por uma forte participação, fulcro para uma nova aprendizagem;

- ativar uma reflexão em nível institucional sobre os desafios e perspectivas formativas;

- fazer circular a riqueza dos recursos formativos.

Se para criar uma comunidade de prática é necessário antes de tudo ter objetivos comuns, esses são facilmente encontrados no campo do esforço formativo, como, por exemplo, aprofundar o acompanhamento formativo hoje em dia.

O tema da criação de comunidades de prática para formadores na vida consagrada pode parecer sugestivo, mas encontra sua razão de ser no incremento exponencial gratuito de plataformas sociais, no crescimento de formas de autoaprendizagem contínua para um serviço fascinante e provocativo nesta sociedade sempre mais conectada.

Ciberespaço e trajetos formativos emergentes

Quando se fala de *ciberespaço*, o pensamento dispara a imaginar um novo mundo, não mais relegado à fantasia ou destacado da vida concreta, mas real e vital, onde é possível compartilhar ideias e emoções, onde se prefiguram, em certa medida, novos espaços do saber e do viver social identificado com a metáfora da rede. Esse novo cenário, constituído pela *midialidade*, na qual o mundo inteiro está hoje imerso, exige a capacidade de identificar os percursos necessários, em particular para a formação inicial, que parecem responder aos desafios provenientes do contexto informático em que se considera que cada nova tecnologia não soma nem subtrai nada, mas muda tudo,[29] como destacou de forma provocativa Neil Postman.

As reflexões até aqui expostas deixam espaço para a indicação de algumas pistas pedagógicas a serem percorridas e sobre as quais pretendo focalizar a atenção.

O meio por excelência usado especialmente pelos formadores é o acompanhamento formativo, a coordenada essencial para *facilitar*, *acionar* e *promover* os processos de crescimento e de mudança de cada indivíduo em direção dos dinamismos de liberdade e de autenticidade. Do ponto de vista educacional, isso significa saber indicar sob a orientação do Espírito as vias para integrar e conjugar num equilíbrio saudável as dinâmicas humanas e o caminho espiritual da pessoa para a realização de um bem.

Nesta Rede cada vez mais penetrante e intrincada, marcada por repentinos desenvolvimentos, limito-me a indicar somente algumas pistas pedagógicas que considero urgentes e necessárias a serem seguidas para habitar a Rede sem deixar-se enredar por seus múltiplos e complexos fios. Tais percursos dizem respeito à dimensão psíquica, ética e espiritual da pessoa e à transmissão dos conteúdos formativos, dois níveis que interagem dentro de um único processo vital orientado para o desenvolvimento integral da pessoa chamada a seguir a própria vocação num mundo que se transforma rapidamente.

Promover a formação da identidade pessoal

Segundo Meyrowitz, as mídias eletrônicas influem no comportamento social não tanto pelo poder do conteúdo das mensagens que veiculam quanto pela reorganização dos ambientes sociais em

---

[29] Cf. POSTMAN, N. *Technopoly. La resa della cultura alla tecnologia*. Torino: Bollati Boringhieri, 1993. p. 24.

que as pessoas interagem, enfraquecendo a relação antes estreita entre lugar físico e lugar social.[30]

Além da influência sempre mais direta exercida nas interações sociais, os usos da internet mudam o modo de relacionar-se consigo mesmo, com a própria identidade pessoal, que deve acertar as contas com o fenômeno da *multidentidade*, isto é: "ser muitos em um e um em muitos lugares".[31] A internet tornou-se como o ar que se respira e, quando se está na Rede, muda-se porque é como se uma parte do próprio "si" vivesse nela. Se não se está conectado, parece, para aqueles que vivem sempre on-line, como não ter acesso a uma parte de si mesmo que habita o ciberespaço. Na internet, a identidade de "essência" estável e definida revela-se como estrutura sociocultural em contínua evolução, objeto de experimentação contínua e contínuas adaptações a ambientes virtuais diferentes.[32]

A formação da identidade é como um *work in progress* [trabalho em andamento], um canteiro de obras sempre aberto, porque a "estruturação de uma pessoa não está jamais completa" (PI, n. 37), é um processo caracterizado pela mobilidade que reflete as características da chamada *sociedade da incerteza*, como afirma Bauman. Ele mostra como o problema da identidade na era atual talvez seja

> antes de mais nada aquele de como evitar todo tipo de fixação e como deixar em aberto as possibilidades [...] o principal motivo de ansiedade dos tempos modernos ligado à identidade era a preocupação com respeito à durabilidade; hoje, ao contrário, diz respeito à possibilidade de evitar qualquer compromisso. A Modernidade é construída em aço e cimento. A Pós-Modernidade, em plástico biodegradável.[33]

---

[30] Cf. MEYROWITZ, J. *Oltre il senso del luogo. L'impatto dei media elettronici sul comportamento sociale.* Bologna: Baskerville, 1993. p. V.

[31] ABRUZZESE, A. *Multidentità: essere molti in uno e uno in molti luoghi.* Disponível em: <http://www.7thfloor.it/2007/09/08/alberto-abruzzese-multidentita-essere-molti--in-uno-e-uno-in-molti-luoghi/>.

[32] Cf. MARTELLI, S. *Identità e relazioni sociali nel Web 2.0.* Disponível em: <http://www.chiesacattolica.it/cci_new_v3/allegati/5387/stefanomartelli.pdf>.

[33] BAUMAN, Z. *La società dell'incertezza.* Bologna: Il Mulino, 1999. p. 27-28.

O sujeito *pós-moderno* sabe entrar em grupos e comunidades virtuais de modos diferentes, apresentando um *avatar* e máscaras virtuais, colecionando múltiplas identidades, sempre parciais e continuamente redefinidas.[34] Se de um lado isso permite manter um sentido dinâmico e em contínuo desenvolvimento da própria identidade,[35] de outro pode influenciar profundamente as novas gerações, produzindo um sentido de fragmentação que pode impregnar o sentimento da própria individualidade, tornando mais difícil a canalização das energias num projeto unitário de definição de si mesmo, o qual se desenvolve ao longo de diversas fases na vida,[36] vivido na estabilidade e na fidelidade.

Construir a própria identidade significa saber *de onde venho*, *quem sou*, *qual o sentido da vida* e *para onde vou*, para poder assumir uma posição estável, que não significa rígida, mas capaz de ir além "das linguagens de mobilidade/instabilidade" que impregnam o planeta,[37] a fim de redefinir constantemente a própria identidade na lógica de abertura, de diálogo e de mudança.[38] Se "a fidelidade faz parte da identidade e, ao mesmo tempo, é possibilidade de si mesma",[39] torna-se desafiador conjugar tal exigência com a assunção de identidades plurais na Rede e com os estímulos para fugir de qualquer vínculo duradouro. A identidade e sua formação, no atual contexto sociocultural, tornaram-se, efetivamente, muito mais problemáticas.

A cultura das mídias é uma cultura globalizada, a qual, por causa de inumeráveis trocas culturais, corre o risco de homogeneizar as identidades.

As abordagens teóricas sobre a identidade de um ponto de vista filosófico, psicossociológico e, em especial, os processos de

---

[34] Cf. MARTELLI, *Identità e relazioni sociali nel Web 2.0*.

[35] Cf. TACCONI, G. *Alla ricerca di nuove identità. Formazione e organizzazione nelle comunità religiose di vita apostolica attiva nel tempo della crisi*. Leumann (Torino): Elle Di Ci, 2001. p. 204-205.

[36] Cf. PINKUS, L. *Psicodinamica della vita consacrata*. Leumann (Torino): Elle Di Ci, 2000. p. 7.

[37] Cf. ibid., p. 9.

[38] TACCONI, *Alla ricerca di nuove identità...*, p. 204-205.

[39] CORBELLA, C. *Resistere o andarsene? Teologia e psicologia di fronte alla fedeltà nelle scelte di vita*. Bologna:EDB, 2009. p. 82.

construção e de desenvolvimento nos ambientes digitais são múltiplas e oferecem um novo pano de fundo para a elaboração da identidade pessoal. Em linha com as novas formas de identidade mediadas pela Rede e pela cultura tecnológica, é necessário promover a formação de personalidades suficientemente amadurecidas ou, ao menos, não excessivamente perturbadas em seu equilíbrio psicofísico, principalmente no âmbito da vida consagrada, com as suas exigências de radicalidade e de testemunho.[40] A identidade não é "entregue desde o começo" no momento do nascimento, representa o resultado de um caminho complexo de uma história pessoal construída dentro da trama de relações interpessoais e de interações múltiplas com o ambiente de acordo com a elaboração de modelos culturais e de diferentes experiências de vida.[41]

Podem-se evidenciar alguns percursos que permitem ao longo do tempo um caminho de crescimento para a maturidade pessoal. Nessa perspectiva destaco, resumidamente, algumas passagens que considero eficazes do ponto de vista do percurso formativo. Em síntese, tal caminho pressupõe alguns passos:

- Re-*estruturar a própria identidade pessoal e vocacional* à luz das mudanças internas e externas. Isso implica retomar o controle da própria vida para ter uma compreensão objetiva da própria história passada.

- Re-*apossar-se da própria identidade cultural* em nível cognitivo, emocional-afetivo (vivências, experiências, ressonâncias, lembranças) e relacional, para viver com serenidade o contato com o outro, sobretudo se proveniente de culturas diferentes da própria.

- *Aceitar a própria história*, isto é: os fatos vividos, as pessoas encontradas, mas principalmente os significados e as reflexões amadurecidas.

---

[40] Cf. DEL CORE, P. Orientamenti e criteri per il discernimento vocazionale. In: DEL CORE, Pina; FISICHELLA Maria (org.). *Il noviziato tra vecchi e nuovi modelli di formazione. Contesti e percorsi formativi per una responsabilità condivisa.* Roma: LAS, 2008. p. 287-327 – aqui, p. 326.

[41] Cf. DEL CORE, P. Identità e cultura in interazione: via obbligata per comprendere l'altro. *Rivista di Scienze dell'Educazione* 48 (2/2010) 170-193 – aqui, p. 176.

- Viver o tempo como *"kairós"*, isto é: tempo de graça e de salvação na redescoberta da própria identidade e na acolhida da Presença de Deus que habita dentro.[42]

São orientações que não se exaurem jamais com sua realização, mas postulam um processo de formação e de autoformação contínuos, numa constante renovação do próprio ser e agir nas diversas estações da vida. À luz e em sintonia com tais recomendações, merece uma atenção particular a descrição do objetivo primário da formação prescrito na instrução *Potissimum Institutioni*. Ele consiste em

> permitir aos candidatos à vida religiosa e aos jovens professos que antes descubram no que consiste a identidade do religioso para depois assimilar e aprofundar. Somente nessas condições a pessoa consagrada a Deus inserir-se-á no mundo como um testemunho significativo, eficaz e fiel (PI, n. 6).

No curso formativo, a primeira preocupação será a construção e o fortalecimento de uma identidade pessoal e vocacional sã e sólida. E será realizar um equilíbrio dinâmico entre o que se deseja transformar e o que se é realmente.

Uma iniciativa educacional deverá visar a globalidade da pessoa, nem perfeita, nem imperfeita, mas *perfectível* em suas várias dimensões: humana, carismática, apostólica, de acordo com a lei da totalidade, da integralidade e da dinamicidade. Para o formador, trata-se de primeiro percorrer ele mesmo esse caminho de compromisso: reapossar-se de sua própria identidade pessoal para tornar-se *pessoa* e, assim, poder ser *promotor de identidades* nos outros.

Formar para a liberdade e a responsabilidade

O processo de construção da identidade pessoal põe à prova dois dinamismos centrais no desenvolvimento da pessoa: a liberdade e a responsabilidade. As notáveis potencialidades das redes

---

[42] Cf. Id. La responsabilità personale, elemento costitutivo della formazione iniziale, In: AA.VV. *Crescere liberi e responsabili. La formazione;* un cantiere aperto. Milano: Paoline, 2007. p. 99-140 – aqui, p. 125.

informáticas permitem hoje o acesso a inumeráveis quantidades de informações e de conhecimentos que aumentam quase que a cada dia de modo exponencial. Constituem um amplo patrimônio humano e proporcionam múltiplas oportunidades de escolha.

Isso cria problemáticas importantes, porque "pilotar o *mouse* para navegar é bem diferente de folhear um jornal diário, de manobrar um telecomando, de sentar-se na poltrona de um cinema, de sintonizar uma estação de rádio".[43] A peculiaridade da internet está no fato de que não pode ser tratada apenas como um enorme recipiente de materiais; ela é também um espaço de possibilidades interativas,[44] com todas as dinâmicas positivas e negativas a ela ligadas, como a *ciberdependência*, a *pornografia*, a *mania dos jogos on-line* e a perda de controle da própria *privatividade*.

Ao percorrer as rodovias eletrônicas, o cibernauta deve acertar as contas com as incalculáveis atividades possíveis que encontra e confrontar-se com o *magnetismo digital* que tem o poder de apresentar-lhe novas oportunidades de socialização. Se o usuário for despreparado, poderá ser arrastado para o interior de mecanismos ambivalentes que tornam difícil a escolha e incitam comportamentos imaturos, que por sua vez impõem-se como desafio para a educação. A rede, então, configura-se como espaço de liberdade e de responsabilidade, entendida principalmente como *liberdade de utilização e de responsabilidade pelas mídias*, tanto para inserir quanto para baixar conteúdos do próprio computador. Todos devem poder navegar livremente no ciberespaço sem lesar os direitos dos outros, cada um é responsável por aquilo que escreve pessoalmente ou pelo que comunica intencionalmente na internet.

Com isso, todavia, prenuncia-se aquela que tem sido repetidamente definida como *desafio educacional*, uma realidade na qual "o poder do aparato técnico-econômico parece querer emancipar-se de qualquer instância humana; onde os desejos tornam-se direitos

---

[43] COMODO, V. *Consacr@ti on line. Rete per la navegazione dei religiosi in internet*. Milano: Àncora, 2006. p. 49.

[44] Cf. RIVOLTELLA, P. C. *Internet, educazione e famiglia*. Disponível em: <http://www.webcattolici.it/pls/webcattolici/v3_s2ew_consultazione.mostra_paginawap?id_pagina=119>.

e a estética parece tomar o lugar da ética".[45] São significativas as consequências que caracterizam esses processos e que exigem a identificação daqueles princípios e critérios de comportamento capazes de guiar as ações humanas,[46] identificáveis nas categorias da liberdade e da responsabilidade, dois pilares do processo formativo. Na realidade, esse cenário faz surgir a necessidade de restabelecer uma relação educativa que – como afirma Bento XVI – é "antes de mais nada o encontro de duas liberdades, e a educação bem-sucedida é formação para o uso correto da liberdade".[47] É necessário educar as novas gerações para saberem distanciar-se, em termos psicológicos e também materiais, dos novos instrumentos tecnológicos para atingir uma sua utilização de modo livre e imperturbável.

A *responsabilidade* pessoal está intimamente ligada ao conceito de *liberdade*: elas podem ser representadas como duas linhas iguais e paralelas. De fato, onde não existe liberdade não existe também a responsabilidade, e sem responsabilidade a liberdade não tem nenhum significado.[48]

É necessário enfrentar a crise da responsabilidade que já foi reconhecida. Trata-se de uma crise dupla que compreende a responsabilidade pelas mídias, por aquilo que é posto em circulação, e a responsabilidade pelo mundo que as mídias representam. Ambas as crises, todavia, envolvem a relação entre os meios de comunicação, a dimensão moral e a sua decadência na vida cotidiana.[49]

O exercício da liberdade parece imutável na ótica de João XXIII, no discurso dirigido aos participantes do curso de atualização pedagógica para os diretores espirituais nos seminários da Itália:

> Ouve-se também falar, às vezes, de autoformação, de autodomínio. Certamente, não é bem formado quem não sabe controlar

---

[45] COMITATO per Il Progetto Culturale della Conferenza Episcopale Italiana (org.). *La sfida educativa. Rapporto-proposta sull'educazione*. Roma/Bari: Laterza, 2009. p. XIV.
[46] Cf. FABRIS, A. (org.). *Etica del virtuale*. Milano: Vita e Pensiero, 2007. p. VII.
[47] BENTO XVI. Carta à diocese e à cidade de Roma sobre a tarefa urgente da educação.
[48] Cf. DEL CORE, La responsabilità personale, elemento costitutivo della formazione iniziale, p. 105.
[49] Cf. SILVERSTONE, R. *Mediapolis. La responsabilità dei media nella civiltà globale*. Milano: Vita e Pensiero, 2009. p. 214-215.

a si mesmo. E certamente os educadores preocupam-se em deixar ao jovem aquele exercício progressivo útil da liberdade, que o treina para dominar-se sozinho em determinadas circunstâncias e o prepara melhor para a vida no ministério. Mas isso não pode ser separado de uma disciplina firme. Jamais o jovem saberá autodominar-se se não tiver aprendido a observar amorosamente uma regra vigorosa que o exercite para a mortificação e o domínio da vontade.[50]

No campo educacional, os formadores devem, em primeiro lugar, saber estimular as energias interiores da pessoa para promover uma reflexão eficaz sobre as experiências concretas da vida, mas principalmente facilitar no outro

a remoção da escravidão interior que deixa o sujeito não condicionável: de fato, não há patrão a ser temido nem chantagens ou coerções imobilizadoras. Em poucas palavras: tal remoção o torna livre [...] diz-se livre aquele que é causa de si mesmo, que encontra em si mesmo o motivo, a força, a direção do próprio agir.[51]

Salientamos que a liberdade das pessoas, pressuposto do agir moral, é sempre *interior* e não deve ser confundida com a realização da liberdade exterior, que assume os contornos do poder e do domínio, nem simplesmente com a liberdade de escolha como fim em si mesmo.[52]

A raiz psicológica da liberdade interior está na experiência profunda e gradual de tornar-se si mesmo de acordo com aquilo para o que se é chamado a ser pelo próprio Autor da vida. Na verdade, a maturidade autêntica acontece no coração das pessoas e manifesta-se na experiência de vida. Será necessário, então, identificar os *percursos de crescimento pessoal e do grupo*, motivando continuamente os sujeitos em formação a assumirem em primeira

---

[50] JOÃO XXIII. Discurso aos participantes do "Curso de Atualização Pedagógica para os Diretores Espirituais dos Seminários na Itália", 9 de setembro de 1962.

[51] DUCCI, E. Educabilità umana e formazione. In: VV. AA. *Educarsi per educare. La formazione in un mondo che cambia*. Milano: Paoline, 2002. p. 25-44 – aqui, p. 40-41.

[52] Cf. ZAVALLONI, R. *Educarsi alla responsabilità*. Santa Maria degli Angeli (Assisi): Edizioni Porziuncola, 1996. p. 142.

pessoa o próprio desenvolvimento vocacional,[53] porque formação e autoformação caminham juntas.

Esse longo e trabalhoso processo implica alguns *passos* necessários no itinerário formativo:

- entrar em contato com si mesmo na verdade (conhecer-se e fazer-se conhecer);

- perceber as próprias áreas de "escravidão" (liberar-se e reconciliar-se);

- vigiar sua radicalidade de motivações orientadas para Deus (purificar-se de motivos egocêntricos e não claramente direcionados para a escolha de vocação feita).[54]

Os percursos de crescimento para a *responsabilização* implicam, em primeiro lugar, a criação de condições para que, através da experiência ou experiências formativas, a pessoa torne-se ciente da eficácia das próprias decisões e das próprias ações com relação aos outros, à comunidade, à missão etc. Portanto, é necessária a construção de um ambiente e a garantia de algumas condições imprescindíveis:

- um clima de liberdade "experiencial" em que a pessoa sinta-se plenamente acolhida, fique à vontade e não se veja "julgada", saiba exprimir-se e assumir a responsabilidade do próprio caminho formativo com escolhas livres e responsáveis baseadas em valores;

- o pertencimento realista e concreto à comunidade e à instituição;

- as experiências de serviço e o exercício de pequenas e graduais responsabilidades;

- o envolvimento ativo no planejamento formativo e no projeto comunitário;

---

[53] Cf. DEL CORE, La responsabilità personale, elemento costitutivo della formazione iniziale, p. 122.

[54] Cf. ibid.

- o compartilhamento e o exame da vida (reflexão sobre as experiências).[55]

Tais percursos não são fáceis, nem instintivos: implicam o esforço da descoberta e o empenho constante para uma gradual assunção realizada em nível pessoal na experiência concreta e cotidiana e, principalmente, uma reorganização das atitudes e comportamentos nem sempre livres de conflitos e sofrimentos. A tarefa dos formadores e das formadoras está em todo esse processo fundamental. Mediante o acompanhamento (seja pessoal, seja em grupo) deverão facilitar os processos de discernimento e de mudança, acionando-os e promovendo-os através da escuta profunda e livre das pessoas a eles confiadas.[56]

O esforço diário de vida possui um grande valor formativo porque nele se exprime o sentido autêntico da identidade pessoal. O exercício da liberdade e o sentido da responsabilidade manifestam--se para o formador e para o formando no momento que se está vivendo, em cada fragmento único da existência, a decisão expressa com a própria escolha vocacional. É ali que se aninha o próprio poder de exprimir livremente a direção para o próprio ser, ou seja, *a qualidade do próprio agir interior.*

Promover a experiência permanente de discernimento

A complexidade do agir e o relativismo dominante entre as ondas do mar digital, juntamente com o exercício da liberdade e o sentido de responsabilidade, exige o desenvolvimento da capacidade de discernimento no sujeito, atitude tipicamente espiritual que se impõe também na galáxia comunicativa, a essa altura sem limites.

Tornar-se testemunho no mundo digital, como na vida off--line, exige com urgência crescente a capacidade de discernimento diante das possíveis escolhas que a Rede propõe ao navegador, isto é: ser responsável por aquilo que se pode inserir ou baixar na web.

---

[55] Cf. ibid., p. 137-138.
[56] Cf. ibid., p. 140.

A internet é um ramificar-se de inumeráveis possibilidades, como um campo de potenciais conexões à disposição do usuário,[57] que é chamado a encontrar os instrumentos necessários para "desenvolver a própria opinião, a prudência e a capacidade de discernimento".[58]

Como já afirmava o Cardeal Carlo Maria Martini:

> O futuro conduzir-nos-á provavelmente a uma situação de maior complexidade, de confusão de linguagens, de secularização, por isso o homem deve desde já esforçar-se vigorosamente para tomar posse de si mesmo interiormente a fim de resistir e não se deixar esmagar pela multiplicidade de estímulos. Ora, a interioridade é a capacidade de voltar-se para si mesmo, de compreender o sentido das ações que se executam, de expressar com liberdade as escolhas da vida. E tudo isso precisa do discernimento espiritual que nos faz recolher nos acontecimentos e nas circunstâncias da história não uma simples data que deve ser registrada, diante da qual é possível ficar na indiferença e passividade, mas, ao contrário, uma tarefa, um desafio para a liberdade responsável, desafio que se une a um apelo que Deus faz ressoar na história.[59]

A própria condição humana, com as questões sempre novas postas pela vida de todo dia, exige um discernimento cuidadoso. O ser humano pergunta-se sobre o sentido e o destino da própria existência, e o exercício do discernimento – que se desenrola ao longo de toda a vida –, deve permitir saber distinguir, entre as muitas vias e a ampla constelação de escolhas, aquelas que levam ao bem, à verdade, até atingir a meta da vida do fiel: "Crescer até a estatura de Cristo" (cf. Ef 4,13).

Falar de discernimento significa referir-se a uma atividade própria da inteligência, mas não só isso. É obra da mente e do coração, fruto de dotes naturais e do exercício pessoal constante.

---

[57] Cf. FABRIS, A. *Etica e comunicazione in rete*. Relazione al Convegno "Internet: un nuovo forum per proclamare il Vangelo", Milano, 9-11 maio 2002. Disponível em: <http://www3.unicatt.it/unicattolica/CentriRicerca/OssCom/pdf/REL-ProfFabris.pdf>.

[58] BENTO XVI. Mensagem para a XLI Jornada Mundial das Comunicações Sociais: "As crianças e os meios de comunicação: um desafio para a educação", 20 de maio de 2007.

[59] MARTINI, C. M. *Tre racconti dello Spirito*. Milano: Centro Ambrosiano, 1997. p. 11

O discernimento exige que a pessoa não se deixe viver, mas que decida quais atitudes assumir e quais motivações dar aos próprios comportamentos. No mundo midiático, isso significa desfrutar com espírito crítico as ofertas comunicativas próprias da web, aprender a filtrar, a decodificar os conteúdos da comunicação de forma a diferenciar o que é bom do que não é, o que serve daquilo que é claramente inútil. O discernimento deve tornar-se um estilo permanente de vida que no continente digital assume as características do conhecimento aprofundado, da avaliação crítica cuidadosa do mundo das mídias e de sua influência[60] nos juízos e escolhas das pessoas.

A Rede assume, então, o aspecto de um novo *espaço de discernimento* no qual efetuar, em tempos cada vez mais velozes, escolhas mais conscientes e livres possível diante da quantidade maciça de informações e conhecimentos que ocupam a tela e que podem desorientar o navegador digital se ele não possuir critérios orientadores claros para as próprias escolhas. Trata-se de aprender a ponderar as razões e as motivações das próprias opções, e nesse sentido exige uma formação adequada. E o empenho e o esforço do formador colocam-se principalmente no fato de "lidar com pessoas, porque aqui", como afirma Romano Guardini, "eu devo passar pela liberdade. Assim, tenho sempre de criar de novo um entendimento com o outro; deixar-lhe a possibilidade de pensar, julgar, agir com a própria cabeça e, depois, talvez, fazer o contrário de tudo que é certo ou que eu desejaria".[61]

Portanto, o ponto central através do qual o confronto se manifesta todos os dias está em aprender a discernir e avaliar o enorme charco de informações presentes na internet; nesse *mare magnum* de dados, como afirmou o Cardeal Gianfranco Ravasi, presidente do Pontifício Conselho da Cultura, o risco recorrente é aquele de assumir uma atitude mental relativista, na qual o discernimento, a distinção, a especificação volatilizam-se a favor de

---

[60] Cf. GIULIADORI, C. Relazione in Rete: quale umanesimo nella cultura digitale? Relazione al Convegno *Testimoni digitali. Volti e linguaggi nell'era cross mediale*, Roma, 22-24 abr. 2010.

[61] GUARDINI, R. L'educazione. In: FEDELI, C. *Romano Guardini, filosofo dell'educazione*. Milano: Vita e Pensiero, 1995. p. 53-80 – aqui, p. 68.

uma considerável simplificação acrítica.[62] Como sustenta Howard Gardner, o problema mais importante não está tanto na qualidade de informações contidas na internet, mas na capacidade de

> um juízo da parte de alguém para saber o que ignorar, a que prestar atenção. O problema do juízo é de solução mais difícil quando comparado com o conhecimento necessário para acessar a internet. É preciso ajudar a distinguir. Sempre digo que a informação não é a mesma coisa que o conhecimento, que o conhecimento não é a mesma coisa que o juízo e o juízo não é a mesma coisa que a sabedoria. São necessárias pessoas sábias, a internet não ajuda a tornar-se sábio. Pode-se até enlouquecer se se crê em cada coisa que está nela. Mas, certamente, pode-se dizer a mesma coisa com relação aos livros: existem muitíssimos livros cheios de coisas sem sentido. Penso que a diferença esteja no fato de, para ser capaz de publicar um livro, seja necessária certa quantia. Ao contrário, qualquer um é capaz de colocar qualquer coisa na web mundial, por esse motivo os perigos disponíveis são maiores e, consequentemente, deve-se ser os melhores descobridores de perigos.[63]

Nesse sentido o discernimento torna-se uma atribuição formativa irrenunciável que tem o escopo de ajudar o sujeito numa avaliação objetivamente precisa daqueles conteúdos ou daquele ambiente digital ao qual tem acesso e que podem constituir para a própria pessoa um fator de crescimento ou uma ameaça.

Com relação ao discernimento na ótica digital, Antonio Spadaro propõe um destaque particularmente sagaz quando esclarece que a internet parece ser sobretudo um *lugar de respostas*, constituídas por um conjunto de *link* que leva a textos, imagens e vídeo. Cada pesquisa pode implicar uma exploração de territórios diferentes e complexos, dando até a impressão de certa exaustividade. O desafio do discernimento consiste em deduzir e reconhecer as perguntas verdadeiras das respostas que o usuário vai aos poucos

---

[62] Cf. RAVASI, G. *Capacità di intendere e di volere*. Conferenza all'Università La Sapienza, di Roma, 23 fev. 2009.

[63] GARDNER, E. H. *Intelligenze multiple e nuove tecnologie*. Disponível em: <http://www.mediamente.rai.it/biblioteca/biblio.asp?id=157&tab=int>.

descobrindo.[64] Com relação a essa nova realidade determinada pela imersão do mundo nas mídias, quais estratégias formativas assumir para que o discernimento torne-se um estilo de vida?

Proporcionar o desenvolvimento de um discernimento cuidadoso significa, para o formador, estimular a capacidade de julgamento nas pessoas a ele confiadas, ou seja: criar o hábito de refletir sobre o que se vive e se decide; saber pensar criticamente e de forma construtiva; é necessário ajudar a "vigiar" as próprias escolhas cotidianas, os critérios que as guiam, as metas que a pessoa propõe-se. Tudo isso leva o sujeito a assumir o próprio projeto de vida e, principalmente, sua identidade, na qual converge a verdade do ser e do agir, isto é: uma série de elementos que permitem ao indivíduo crescer e amadurecer.

A ação formativa exige um sério empenho para facilitar a criação de espaços de discussão tanto em nível pessoal quanto de comunidade formativa. Enfim, no diálogo pessoal é preciso encorajar aquela troca que permite examinar os motivos subjacentes das próprias decisões e os passos a dar com relação às escolhas de utilização dos instrumentos de comunicação e as finalidades da própria escolha vocacional. O discernimento cotidiano representa um contínuo desafio para todo consagrado e é a via privilegiada para parar e refletir sobre a própria condição e aprender a desfrutar valores como o silêncio, a reflexão e a prece nesta sociedade *hiperacelerada e tecnológica*.

Identificar novas formas de transmissão de conteúdos

No âmbito da formação, as mudanças socioculturais impõem uma reconsideração não só dos processos estruturais e dinâmicos – sejam individuais, sejam de grupo –, mas também das modalidades de transmissão dos próprios conteúdos formativos.

O contexto atual obriga a partir do preceito de um modelo pedagógico aberto que estimule formas relacionais descentralizadas

---

[64] Cf. SPADARO, A. La fede nella rete delle relazioni: comunione e connessione. Relazione al Convegno *Testimoni digitali. Volti e linguaggi nell'era cross mediale*, Roma, 22-24 abr. 2010.

e interativas com uma pluralidade de linguagens, como, por exemplo, enciclopédias eletrônicas, materiais em DVD, *podcasting* de uso didático.

O termo *conteúdo* na vida consagrada coagula saberes, assuntos e disciplinas que transmitem as tradições e as experiências de uma instituição postas à disposição dos sujeitos, os valores humanos, cristãos, eclesiais e carismáticos, além, é claro, daqueles culturais e próprios de uma formação de base. É como um equipamento cultural que sustenta o caminho dos consagrados e das consagradas o tempo todo. Os conteúdos são recursos preciosos que assumem uma notável relevância formativa porque o ensino dos saberes permite apreender significados,[65] suscitar motivações para a realização dos objetivos formativos.

Na vida consagrada, a comunicação de conteúdos foi realizada ao longo do tempo através da aula expositiva, num relacionamento direto com o estilo da relação docente-aluno, fundada num método do tipo racional e nocional, com uma intervenção catedrática em que o docente ou o formador apresentava conteúdos, fixava os objetivos, escolhia os materiais didáticos e estabelecia os critérios de avaliação[66] que permitiam a transferência dos saberes.

O advento das novas tecnologias coloca a questão de mudança na comunicação tradicional dos conteúdos (mesmo se convalidada no tempo), que exige novas habilidades e competências também dos formadores, como já foi dito precedentemente.

Para transmitir conteúdos através das novas tecnologias, em primeiro lugar é necessário sua transformação para o formato digital. Com a expressão *conteúdos digitais* entende-se "os produtos intelectuais postos à disposição em formato eletrônico digital que funcionam no computador ou em outros dispositivos capazes de ler os conteúdos digitalizados".[67] Essa transformação torna possível a difusão dos conteúdos através das *tecnologias digitais*.

---

[65] Cf. SCURATI, C. Un'educazione di qualità per la società della conoscenza. In: MALIZIA, G.; TONINI, M.; VALENTE, L. *Educazione e cittadinanza. Verso um nuovo modello culturalle ed educativo*. Milano: Franco Angeli, 2008. p. 67-82 – aqui, p. 77.

[66] Cf. ZANNI, N. I nuovi strumenti didattici: occasione o illusione? *Orientamenti Pedagogici* 53 (2/2006) 123-132 – aqui, p. 125.

[67] LUCCHI, N. *I contenuti digitali. Tecnologie, diritti e libertà*. Milano: Springer, 2010. p. 2.

A influência das novas tecnologias comunicativas e a contínua imersão do conhecimento na sociedade transformam a relação com o saber porque tornam os processos cognitivos muito rápidos (mas muito mais lentos para a elaboração e assimilação vital), sem esquecer que a evolução das mídias necessita de uma aprendizagem contínua.

Nessa realidade, se a transmissão dos conteúdos acontece de forma lenta, com pobreza de linguagens, corre o risco da perda de interesse,[68] particularmente das novas gerações *multitarefas* (ou seja: capazes de desenvolver contemporaneamente mais atividades), que possuem processos cognitivos e de aprendizagem sintonizados com outras formas mediadas pelas mídias digitais.

A premência da mudança na comunicação de conteúdo adequada aos novos tempos existe de verdade na práxis, ainda que os conteúdos não sejam o essencial do curso formativo, mas um aspecto ao qual não é possível reduzir ou identificar o processo formativo. A utilização das mídias digitais e/ou da internet para a difusão dos conteúdos pode estimular a motivação dos sujeitos, suscitar interesse e interação, além de melhorar a comunicação, fazendo-a crescer e tornando-a mais eficaz.[69]

Também na vida consagrada é preciso direcionar-se para a modalidade de intervenção formativa valorizando as mídias digitais. Essas, todavia, deveriam ser adotadas dentro de uma visão global da ação formativa, capaz de integrar as modalidades tradicionais com as digitais. Nela é imprescindível ter presente o ambiente em que se opera, os sujeitos a quem se dirige, os objetivos que se pretende atingir, os conteúdos que se quer comunicar, as modalidades que se pretende utilizar, os materiais que se quer empregar e os critérios que serão usados para avaliar os resultados obtidos.

Esses aspectos, que acompanham também as iniciativas didáticas convencionais, demonstram que a inclusão dos novos instrumentos na prática formativa conjuga-se com o presente, porém com o uso de novas linguagens, novas modalidades e novas possibilidades, seja para melhorar a comunicação e a apresentação

---

[68] Cf. ZANNI, I nuovi strumenti didattici: occasione o illusione?, p. 125.
[69] Cf. ibid., p. 124.

dos conteúdos, seja para aumentar a motivação para aprender, seja, enfim, para modificar as modalidades utilizadas no desenvolvimento da intervenção.[70] Além disso, é preciso lembrar que a inserção de novos instrumentos eletrônicos no caminho formativo não significa parar só na troca do instrumento a ser utilizado, como, por exemplo, adotar um computador como máquina de escrever, mas saber valorizar as suas funções e as possibilidades de conexões para uma aprendizagem ativa e significativa, do tipo participativo para a construção de nossos saberes.

Desse modo, o sujeito é o destinatário da própria aprendizagem, isto é: vivencia aquela *primazia do sujeito* que já está consolidada na cultura atual.[71]

A estratégia multimídia usa as diferentes mídias num projeto mais amplo. Rejeita a lógica da aula expositiva por apostar num trabalho mais personalizado, em que a pessoa que quer adquirir conhecimentos é posta na condição de ser protagonista do próprio saber e de expressar a própria criatividade. Assim, o uso do instrumento poderá tornar-se verdadeiramente inovador, mas isso depende do espaço que lhe seja concedido dentro da iniciativa e das modalidades com as quais é utilizado.[72]

Nos cursos formativos, cada vez mais direcionados para caminhos personalizados, o uso das mídias digitais para a transmissão de conteúdos parece atender à modalidade de aprendizagem personalizada. De fato, as novas tecnologias parecem satisfazer modalidades cognitivas flexíveis capazes de despertar motivações e atitudes pessoais.[73] Nesse novo contexto o formador é chamado primeiramente para uma reelaboração dos conteúdos a serem transmitidos, não só do ponto de vista tecnológico e metodológico, mas principalmente pessoal. É fundamental reapresentar os conteúdos segundo as formas correspondentes às linguagens dos instrumentos midiáticos com a finalidade de fazer crescer o saber, mas também de estimular o desenvolvimento da sensibilidade e do

---

[70] Cf. ibid., p. 125.
[71] Cf. MEDDI, L. *La formazione degli adulti nella Chiesa italiana*. Disponível em: <http://www.lucianomeddi.eu/interventi/Formazioneadulti_Aci.pdf>.
[72] Cf. ZANNI, I nuovi strumenti didattici: occasione o illusione?, p. 129.
[73] Cf. ibid., p. 130.

amadurecimento humano.⁷⁴ Tenho de especificar que uma ação verdadeiramente formativa exige de quem é chamado ao serviço educacional uma presença e uma comunicação fidedigna, a fim de que a formação não seja anônima e não conduza a formas de individualismo, mas saiba transmitir o gosto pela pesquisa e a consecução do bem e da verdade.

A formação é a categoria-chave para enfrentar o fenômeno da comunicação. É urgente assegurar na Igreja, e em particular na vida consagrada, uma preparação sistemática para a comunicação através de programas incluídos em projetos formativos que levem em conta não só o desenvolvimento e o conhecimento das novas tecnologias, mas também da comunicação como processo, cultura e estilo de vida.

Escreve João Paulo II:

> As pessoas consagradas [...] devem adquirir um conhecimento sério da linguagem própria destes meios, para falar eficazmente de Cristo ao homem de hoje, interpretando "as alegrias e as esperanças, as tristezas e as angústias" dele, e contribuir assim para a edificação de uma sociedade onde todos se sintam irmãos e irmãs a caminho de Deus. [...] Todo o esforço neste novo e importante campo apostólico há de ser encorajado, para que o Evangelho de Cristo ressoe também através destes meios modernos (VC, n. 99).

O projeto formativo representa uma estratégia fundamental para a integração de uma progressiva e gradual formação, que, além de humana, espiritual e intelectual, seja também dirigida para a comunicação, que, como nova cultura, deveria permear todo o processo formativo. Isso exige que os formadores confrontem-se com os novos ambientes midiáticos, conscientes da necessidade de um esforço de autoformação estendido a todos, e entendido como aprender ativa e autonomamente dos outros e do ambiente social, para responder sempre de forma eficaz à missão num mundo que muda rápida e continuamente. É preciso identificar e efetivar cursos de formação permanente que proporcionem métodos e conteúdos adequados para realizar os itinerários pedagógicos capazes

---

⁷⁴ Cf. ibid., p. 131.

de reagir de forma competente e satisfatória aos desafios de uma sociedade informatizada e cada vez mais conectada. É nesse novo *habitat digital* que o consagrado e a consagrada são chamados a dar razão à própria fé.

Podcasting e a "santificação da mente"

Colocar juntos termos e experiências como *podcasting* e *santificação da mente* poderia parecer à primeira vista quase incompreensível. Na verdade, olhando bem, por detrás da conjunção desses dois conceitos existe a convicção de que as novas tecnologias podem proporcionar também o desenvolvimento de uma *mente santificada*, isto é: habitada pela Trindade, através da assimilação de conteúdos formativos e valores cristãos no ambiente da vida religiosa, e também para cada vida cristã.

Se as palavras, as imagens e as canções podem influenciar as pessoas nas escolhas de compra, podem convencer a participar de um *reality show*, podem persuadir a votar num determinado candidato político, por que não usá-las para uma causa nobre como a *santificação da mente*? Por meio do *podcasting*, como de outras tecnologias cognitivas, com a escuta e a reprodução de conteúdos inspirados nos valores cristãos, é possível estimular alguns processos psicológicos, como as dinâmicas da motivação, da persuasão e do autoconvencimento, que estão na base das mudanças de comportamento da pessoa.

Se o agir correto nasce do pensar correto, então *pensar bem* não é tarefa fácil. Não é exibição de comportamentos ou de gestos. O monge beneditino Anselm Grün sustenta que "a seleção dos pensamentos que afluem em nós é uma das tarefas principais da vida espiritual"[1] e do crescimento integral da pessoa.

Até São Paulo aconselha pensar positivamente. Ele recomenda aos filipenses: "[...] ocupai-vos com tudo o que é verdadeiro, digno

---

[1] GRÜN, A. *Terapie dei pensieri*. Brescia: Queriniana, 2004. p. 16-17.

de respeito ou justo, puro, amável ou honroso, com tudo o que é virtude ou louvável. Praticai o que de mim aprendestes e recebestes e ouvistes, ou em mim observastes. [...]" – e como consequência – "[...] o Deus da paz estará convosco" (Fl 4,8-9).

À luz de tudo que foi descrito e dos desafios que surgem do atual contexto digital, preparo-me para propor uma possível atividade formativa que experimentei com um grupo de jovens religiosas através do uso de um instrumento digital, o *podcasting*. *Santificação da mente*, texto do beato Tiago Alberione, constitui o conteúdo do comunicado. Ao mesmo tempo a *santificação da mente* torna-se o objetivo a ser visado através também do uso do *podcasting*.

Um esclarecimento: com a escolha de tal modalidade comunicativa não pretendo limitar as enormes potencialidades da mente, mas indicar um eventual itinerário no qual se integram multimídia e cursos formativos.

A pesquisa certamente está circunscrita a um grupo restrito de pessoas. Não é apresentada uma análise estatística dos dados, mas pretende-se propor uma experiência formativa para descobrir novas e diferentes oportunidades que a Rede pode proporcionar também no campo da vida consagrada.

O *podcasting*, instrumento de formação para a mente

No cenário das aplicações da Web 2.0, o *podcasting* representa uma das expressões mais importantes ligadas ao vasto fenômeno da personalização dos conteúdos midiáticos desfrutados graças à facilidade de acesso pelo usuário, às potencialidades e possibilidades de interação com a Rede. Trata-se de uma nova oportunidade para aprender, reelaborar e transmitir informações, conhecimentos e novas modalidades de entretenimento. O *podcasting* foi definido como *blog áudio*, porém carece da dimensão interativa característica do mundo dos blogs.

A inovação tecnológica, juntamente com a difusão da conexão veloz, deu origem a novas práticas de criação e uso dos conteúdos on-line inimagináveis então. Em resumo: pode-se afirmar que, com o *podcasting*, mais do que escrever o sujeito registra, e mais do que ler, escuta.

Com relação à origem do termo *podcasting* (uma tecnologia para baixar conteúdos) ou *podcast* (os arquivos de áudio, vídeo ou pdf baixados da Rede), as opiniões não estão de acordo.

Alguns pensam que a palavra deriva da fusão do termo *iPod*, ou seja: o conhecido leitor multimídia da Apple com o verbo inglês *to broadcast*, que significa transmitir informações, radiodifusão, teletransmissão. Outros consideram esse termo um neologismo anglo-saxão que significa *Personal Option Digital Casting*. O objetivo dessa segunda interpretação do termo consiste em tornar neutra a ligação do *podcasting* com a empresa norte-americana Apple. De fato, criou-se entre o público certa confusão, como se o mérito do desenvolvimento da nova tecnologia fosse devido à empresa norte-americana e sua utilização só fosse possível com o leitor *iPod*. Para livrar o campo de eventuais inexatidões, Doc Searls foi o primeiro a indicar esse segundo significado, citando-o em seu artigo *DIY Radio with Podcasting* ["Faça você mesmo sua rádio"], publicado em seu blog, no qual reafirmou que com o *podcasting*, *Personal Option Digital Casting* pretende-se uma tipologia de transmissão e não o produto de uma firma.[2] Atualmente, todos estão de acordo em afirmar que o *podcasting* é um novo tipo de distribuição de áudio livre, móvel, para escutar onde e quando se quer através do *iPod* ou qualquer outro leitor portátil MP3.

Com a efetivação de softwares cada vez mais simples de serem aprendidos e gerenciados, os quais empregam linguagens de programação sem que o usuário inexperiente tenha um conhecimento técnico-científico do instrumento, tornou-se sempre mais fácil não só escutar e compartilhar imensas quantidades de arquivos de áudio ou vídeo, como também criar, produzir e distribuir informações e conteúdos multimídia gerados "por leigos", capazes também de dar visibilidade nas páginas da web.

Para criar um *podcast* são necessários poucos instrumentos: um computador, uma conexão com a internet, um dispositivo digital

---

[2] Cf. SEARLS, D. *DIY radio with PODcasting*. Disponível em: <http://www.itgarage.com/node/462>.

móvel com gravador e microfone incorporados e a instalação de um *editor de texto* para criar o *feed RSS*. É daqui que se parte para tornar-se produtor de conteúdos digitais seguindo as técnicas de preparação e gravação de uma lição. A tecnologia usada para desfrutar do *podcast* coloca-se na mesma linha da tecnologia que hoje permite a milhares de *bloggers* e de jornais digitais distribuir conteúdos escritos através de *feed RSS*. Em intervalos periódicos, o usuário receberá um link que lhe proporcionará acesso a novos trechos de áudio/vídeo publicados. A essa altura, ele pode decidir o que fazer: pode escutar o trecho no próprio PC; pode conservar na memória o endereço e escutá-lo num segundo momento; ou, ainda, pode baixá-lo para seu PC, transferi-lo para seu suporte de escuta MP3 preferido e ouvi-lo quando e onde decidir. Com relação à tradicional tecnologia do *streaming* áudio e vídeo, a principal inovação é dada por dois elementos: o automatismo das operações de *download* dos novos conteúdos (as atualizações são baixadas de um programa num servidor) ou a possibilidade de criar um palimpsesto personalizado. É exatamente este aspecto, o da personalização do palimpsesto e dos tempos de desfrute dos conteúdos, que caracteriza com mais intensidade a tecnologia do *podcasting* com relação àquelas já difundidas em Rede do streaming áudio e vídeo, da radio e da televisão.[3]

A novidade do *podcasting* consiste no fato de que o usuário decide quando, onde e quantas vezes vai escutar ou ver o conteúdo de uma transmissão digital. O *podcast* é assíncrono e não é preciso estar sempre on-line para desfrutar do recurso digital que atualmente se refere não só aos formatos áudio, mas também a vídeo e texto, com as extensões *doc* ou *pdf* reproduzíveis não apenas pelos leitores multimídia, mas também nos telefones celulares ou *smartphone*. Essa característica, ligada à tecnologia do *podcasting*, permite entrar no circuito das *personal media* [mídias pessoais], ou melhor, das *my media* [minhas mídias] e da chamada "comunicação portátil e personalizada".

Ao mesmo tempo, o *podcasting* pode ser colocado na categoria dos *mobile devices* [dispositivos móveis], *mobile learning* [ensino

---

[3] Cf. MAGNOCAVALLO, M. *Podcasting, i blog acquistano la voce*. Disponível em: <http://punto-informatico.it/1011755/PI/News/podcasting-blog-acquistano-voce.aspx>.

a distância], isto é: a possibilidade de reproduzir o *podcast* em qualquer lugar, sem roubar o tempo de outras atividades sociais graças às suas propriedades de portabilidade e assincronia.

Na era digital, incrementa-se a liberdade de desfrute e compartilhamento dos recursos áudio ou vídeo. De fato, cada sujeito adquire uma ampla possibilidade de escolha daquilo que o interessa, seleciona a informação e o entretenimento segundo as próprias necessidades e tempo de consumo, ultrapassando toda eventual mediação.

A esse respeito, os gurus da era digital batizaram de *push* (do inglês *empurrar*) e *pull* (do inglês *puxar*) as duas alternativas para desfrutar das informações relativas às mídias tradicionais e à internet. A televisão, por exemplo, é *push* porque "empurra" indiscriminadamente notícias e programas iguais para todos num público que os recebe passivamente. A internet, ao contrário, é *pull*, isto é: permite a cada um "puxar" ativamente para si no próprio computador somente aquilo que quer.[4]

O *podcasting* é uma tecnologia que satisfaz a lógica *pull* e, graças à sua simplicidade e aos custos extremamente reduzidos, permite ao usuário o máximo de personalização e possibilidade de escolha. O fenômeno da personalização das informações e dos conteúdos on-line exprime a necessidade de pertencimento dos sujeitos a "espaços virtuais" que atendem exigências específicas pessoais e permitem que o "eu" se manifeste na própria unicidade e não homogeneidade sem submeter-se às regras da grande indústria da informação, mas num clima de grande liberdade. Essa estrada das informações personalizadas e assíncronas tornou-se possível graças ao desenvolvimento de sistemas digitais avançados e "inteligentes".[5] Nessa nova forma de comunicação percebem-se as exigências de um mundo caracterizado por um aparente paradoxo. De fato, na sociedade atual assiste-se à convivência de tendências de globalização, estimuladas pelas redes telemáticas e pela comu-

---

[4] Cf. DI GIORGIO, C. *Navigare con lo skipper. Internet si trasforma coi nuovi servizi di ricerca automatica delle notizie.* Disponível em: <http://d.repubblica.it/dmemory/1997/10/21/rubriche/computer/104ski72104.html>.

[5] Cf. PULCINI, E. *Dopo Internet. Storia del futuro dei media interattivi. L'informazione personalizzata, il commercio elettronico, la tv digitale, il teleputer.* Roma: Castelvecchi, 1999. p. 38.

nicação instantânea, com a contemporânea reconstrução de um campo íntimo e privado baseado no lar e nos serviços usufruídos no próprio domicílio, no próprio "casulo familiar" protegido das intrusões externas.[6]

O *podcasting* é considerado por muitos uma tecnologia que contém o fascínio da liberdade de escolha de conteúdos, espaços e tempos de consumo ligada à possibilidade de mobilidade no contexto da vida cotidiana. A aspiração a uma comunicação livre desvinculada dos condicionamentos comerciais, políticos e publicitários determinados pela *mass media* tentou gradualmente se abrir uma passagem com as novas tecnologias que permitem a qualquer um produzir conteúdos. Nesse sentido a rádio livre ou a privada representam para o *podcasting* uma experiência de fundamental importância, porque são suas verdadeiras inspiradoras, estabelecendo uma linha de continuidade entre o *podcast* e os programas radiofônicos.[7]

A mente e as novas tecnologias

A centralidade inédita das mídias nos processos cognitivos e formativos proporciona o desenvolvimento de um verdadeiro e próprio ambiente cognoscitivo. Não se trata de um pano de fundo nem de um campo, nem de um recipiente, mas de um contexto relacional no qual a pessoa, em sua integralidade, está situada no centro do fluxo contínuo de informações e conhecimentos.[8] O impacto das tecnologias na aprendizagem e no desenvolvimento dos conhecimentos não só muda o cenário educacional como contemporaneamente oferece novos instrumentos ao usuário, novos processos de construção do conhecimento e novas formas de aprendizagem capazes de plasmar e potencializar de forma surpreendente a mente humana. Sem esquecermos, porém, de que as novas tecnologias podem influenciar as faculdades cognitivas de modos que não são

---

[6] Cf. CAVALLO, M. *La comunicazione pubblica tra globalizzazione e nuovi media.* Milano: Franco Angeli, 2005. p. 45.

[7] Cf. PIAN, A. *Didattica con il Podcasting.* Roma/Bari: Laterza, 2009. p. 20-21.

[8] Cf. PAPARELLA, N. Introduzione. E-learning. La prospettiva pedagógica. In: CELENTANO, M. G.; COLAZZO, S. *L'apprendimento digitale. Prospettive tecnologiche e pedagogiche dell'e-learning.* Roma: Carocci, 2008. p. 9-12 – aqui, p. 12.

necessariamente direcionados para o desenvolvimento integral da pessoa humana.

Frank Schirrmacher, um dos atuais pensadores mais influentes na Alemanha, afirma que,

> devido às numerosas e novas mídias e à grande quantidade de informações que transmitem digitalmente, o aparato do pensamento e da memória em muitos de nós começou a mudar de forma surpreendente. [...] A nova arquitetura modifica também o eu que nos habita numa velocidade que, em poucas palavras, deixa boquiabertos os estudiosos da evolução.[9]

Na realidade, em que se pensa quando se diz: "mente"? Filósofos, biólogos, antropólogos têm tentado dar uma definição. Por mente entende-se aquela capacidade humana pela qual se representa a realidade com base nas próprias experiências, nos princípios gerais adquiridos, nas expectativas, nos valores, nos significados, nas emoções. A mente reflete uma visão do mundo particular e pessoal caracterizada por seu caráter unitário e por uma forma particular de inteligência – isto é: aquela capacidade com a qual a pessoa pensa, reflete, estuda, conhece. Em resumo: unifica o material sintetizado pelas intuições sensíveis. É como a vista para o corpo: esta proporciona a possibilidade de ver as realidades externas à pessoa. A mente as capta e distingue sua identidade.

Quando se fala de "cérebro", ao contrário, o campo de pesquisa é a biologia. Todavia, entre cérebro e mente subsiste um ponto de encontro. Como afirma Massimo Ammaniti, "os progressos tecnológicos permitiram esclarecer mais a fundo a natureza da mente [...], as conexões cerebrais que criam a mente desenvolvem-se no âmbito das relações interpessoais e por isso as relações humanas modelam a estrutura cerebral da qual a mente toma corpo".[10]

Disso vem à tona que a mente não é fruto da simples soma das atividades separadas, distintas entre si por compartimentos

---

[9] SCHIRRMACHER, F. *La libertà ritrovata. Come (continuare a) pensare nell'era digitale*. Torino: Codice, 2010. p. 17.
[10] AMMANITI, M. Il cervello cerca casa. *La Repubblica*, 11 jun. 2001.

estanques. Um papel fundamental em tudo isso também deve ser atribuído, segundo o psiquiatra Daniel J. Siegel, às relações humanas. Ele afirma que "a mente surge das atividades do cérebro cujas estruturas e funções são diretamente influenciadas pelas experiências interpessoais".[11]

Nessa perspectiva *"as experiências podem desempenhar um papel importante para determinar não só quais informações chegam à mente, mas também as modalidades com as quais a mente desenvolve a capacidade de elaborar tais informações"*.[12]

A atividade educativa é fundamental para contribuir na formação da mente. Ela se propõe a cultivar competências e habilidades, a oferecer um conhecimento dos fatos e das teorias e estimular a compreensão das convicções e das intenções tanto de quem está próximo como de quem está longe. Qualquer que seja a escolha pedagógica, ela não é nunca ingênua. Ela implica um modo de conceber o discente e com o tempo pode ser adotada por ele ou ela como o modo adequado de refletir sobre o processo de aprendizagem.[13]

O mundo da comunicação compreendeu perfeitamente que a mente humana pode ser influenciada tanto para o bem como para o mal. Os cenários propostos pela publicidade conseguem penetrar a parte mais inconsciente do ser humano para oferecer modos de pensar e estilos de vida direcionados prevalentemente para o consumo. A repetição insistente das mensagens e informações de um certo tipo não permite a elaboração de um pensamento crítico e abre caminho para a persuasão, que contagia de forma enganadora a mente, mais do que estimular a discussão e a argumentação aberta e profusa.

As variáveis que influem sobre as funções mentais não estão ligadas somente ao exterior, ao ambiente, mas também estão dentro da pessoa. Referimo-nos, por exemplo, às falsas percepções da realidade, às falsas lembranças, às necessidades pessoais que alteram as situações de vida. Tudo isso contribui para evidenciar os limites

---

[11] SIEGEL, J. D. *La mente relazionale*. Milano: Raffaello Cortina, 2001. p. 1.

[12] Ibid., p. 16 (os itálicos são do próprio texto).

[13] Cf. BRUNER, J. *La cultura dell'educazione. Nuovi horizonti per la scuola*. Milano: Feltrinelli, 2000. p. 76.

da mente humana que a pessoa é chamada a desmascarar através de um sério trabalho sobre si mesmo para reconhecer as próprias *cegueiras inconscientes*.

Pensar bem, afirma Oliverio, não é um automatismo próprio da mente humana, mas uma arte, algo que se adquire com esforço e empenho, que pode ser potencializado. É um caminho de aprendizagem para observar, recolher os nexos lógicos, evitar as armadilhas que derivam do fato de que aquilo que está próximo dos sentidos parece também próximo da lógica, embora não seja assim. Pensar melhor, isto é: praticar um pensamento que não seja apenas lógico-racional, mas também criativo, aberto a novos horizontes, significa também decidir melhor, ou seja: fazer escolhas autônomas e responsáveis e não deixar essa tarefa para os outros.[14]

A fim de desenvolver um pensamento saudável, é necessário efetivar estratégias específicas ligadas especialmente ao pensamento crítico e à inteligência do tipo ativo. Esses dois comportamentos permitem o uso de um esquema de referência definido como *moldura cognitiva*, através do qual o fluxo de informações é integrado. O escopo é aquele de adquirir significado em relação à trama conceitual, ao capital de conhecimentos e à visão de mundo que se possui. Quanto mais amplo o capital cognoscitivo, mais é possível emoldurar as novidades nos esquemas pessoais, isto é: digerir as informações e mais facilmente captar semelhanças substanciais ou analógicas entre duas realidades diferentes.[15]

Concluindo, a mente humana tem necessidade de ser formada em suas *múltiplas perspectivas* à luz do pluralismo e da tensão dialética entre os diversos processos e estilos cognoscitivos. Encontramos indicações preciosas a esse respeito nos estudos do norte-americano Howard Gardner. Segundo Gardner, a mente forma-se na medida em que aprende a cultivar, ativar, integrar e acolher a presença das *inteligências múltiplas* que geram diversas *formae mentis*.[16]

---

[14] Cf. OLIVERIO, A. *L'arte di pensare*. Milano: Rizzoli, 1997. p. 8-9.
[15] Cf. ibid., p. 94-95.
[16] Cf. GARDNER, E. H. *Formae mentis. Saggio sulla pluralità dell'inteligenza*. Milano: Feltrinelli, 1987. p. 28.

As tecnologias da comunicação podem ampliar as possibilidades de conhecer, de agir, de sentir e vir a ser como que um prolongamento e potencialização do corpo-mente.

O advento da era digital distingue-se, pois, do domínio das tecnologias eletrônicas que emulam, estendem e amplificam as funções sensório-motoras, psicológicas ou cognitivas da mente.[17] Nessa perspectiva assumem um papel decisivo o cuidado e a valorização das faculdades cognitivas até chegar à sua santificação.

A "santificação da mente" no pensamento do Padre Tiago Alberione

Falar de "santificação da mente" significa referir-se a um dos textos mais absorventes do Padre Alberione porque não é de fácil compreensão. Não é um texto nascido com um esquema próprio, mas ao lê-lo fica evidente que o autor fez acréscimos à sua redação inicial em diferentes ocasiões como um círculo de água que amplia suas ondas. Nele, ele considera a educação da mente como condição necessária, irrevogável para crescer na verdade e na liberdade da vocação e da missão paulina. Não se pode esquecê-la nem transferi-la.

O trabalho, ainda muito atual, é o mais original do Padre Alberione. O texto, escrito para todos os membros da Família Paulina e oferecido no Dia de São José como dádiva pelos votos recebidos em 1956, tinha tido precedentes: era, na verdade, a coletânea de cinco artigos publicados de setembro de 1954 a maio de 1955 no boletim interno *San Paolo*; com o título eminentemente bíblico: *Amarás ao Senhor com toda a mente* (cf. Dt 6,5 e Mt 22,37).[18] Padre Alberione sempre teve uma particular preocupação com a formação e não deixava escapar uma oportunidade para oferecer conteúdos para o crescimento humano e espiritual de seus filhos e filhas, sempre orientado para a missão.

---

[17] Cf. DE KERCKHOVE, D. *Brainframes. Mente, tecnologia, mercato*. Bologna: Baskerville, 1993. p. 22.

[18] Atualmente, os artigos estão coligidos no volume: ALBERIONE, G. *Anima e corpo per il Vangelo*. Cinisello Balsamo (MI): San Paolo, 2005.

Para o fundador, o ponto de partida para amar a Deus é a mente colocada em último lugar na ordem indicada pelo evangelista Mateus: "Amarás o Senhor, teu Deus, com todo o teu coração, com toda a tua alma e com todo o teu entendimento [tua mente]" (Mt 22,37). Alberione corrige o esquema e passa o "amar com toda a mente" do terceiro ao primeiro lugar. Essa tomada de posição na enunciação do tema é significativa com relação à perspectiva de Alberione, que atribui uma relevante importância à função da mente na vida da pessoa.

O estudo desenvolve-se com base em princípios cuja referência primeira é sempre Jesus Cristo, vindo como Mestre, Verdade essencial; Autor de nossa inteligência; Autor dos Evangelhos e da Igreja, esta também uma Mestra da Verdade. Disso deriva uma verdadeira e própria antropologia apostólica. São diversas as fontes das quais Alberione é devedor, ainda que as tenha revisitado com a sua originalidade e visão carismática.

Em *Santificação da mente* ele retoma a dimensão da configuração ao Jesus Verdade expressa em sua obra mais importante *Donec formetur Christus in vobis* (1932),[19] segundo a qual "agradaremos ao Pai pela vida da *mente*"[20] dirigida para a transformação contínua até a substituição do próprio pensar pelo pensar de Jesus. A mente, o pensamento está na base da formação das motivações profundas do viver, da adesão autêntica a Cristo. É da mente que derivam as perguntas e as decisões de vida: por que faço isto? Por que aquela decisão? Se a vida é uma coisa séria, porque dela depende a eternidade, urge dar importância e prestar uma atenção primordial e irredutível àquela potencialidade humana que a orienta.

O uso saudável da mente assume um papel fundamental na realização de uma vida totalmente centrada em Cristo e doada à humanidade, principalmente em nossa sociedade de imagens, em que só tem valor o que aparece. Por isso é necessário conquistar o domínio da mente, sempre na perspectiva da integralidade, de uma visão unificada da pessoa. De fato, "nenhum pecado do coração,

---

[19] ALBERIONE, G. *Donec formetur Christus in vobis*. Cinisello Balsamo (MI): San Paolo, 2008.
[20] Ibid., n. 50.

palavras, obras, é possível sem a mente...".[21] Como diante de toda realidade o indivíduo pode escolher entre o bem e o mal, também é possível desperdiçar o dom da mente. De fato, Alberione sustenta que

> nenhum dom de Deus é tão desperdiçado quanto o da mente, que é o mais precioso; quantos pastos envenenados, mormente hoje, pelas leituras, pela rádio, pelo cinema, pela televisão! Quantos pensamentos contrários à fé e à virtude! Quantos permanecem com a mente sem vigilância e divagando nas coisas mais estranhas![22]

Nesse trecho podemos recolher também a referência ao multiplicar-se de uma infinidade de tipos de páginas e portais web, blogs e redes sociais com o risco de tomar muito tempo para bate-papos ou ocupações inúteis e pouco significativas.

É certo, então, valorizar a mente, santificá-la ao recolher ideias, assimilá-las para fazer com que se tornem convicções e saber comunicá-las.

Segundo Alberione, "governar a mente é uma necessidade fundamental; é condição *sine qua non* para ter êxito no tempo e chegar à eternidade".[23] Consiste em despojar-se do pensar somente humano, do raciocinar somente humano, do homem velho, e assumir dia após dia um pensar evangélico. É adquirir no próprio modo de pensar, para depois torná-la conhecida, a supereminente ciência de Cristo. Aquela é a estrada; aquela é a via para seguir o Cristo verdade e chegar a poder afirmar: *não sou mais eu que penso, é Cristo que pensa em mim: os seus pensamentos são os meus pensamentos.*

Na *Santificação da mente*, embora propondo um ideal, uma meta muito elevada, isto é: a cristificação, Padre Alberione tem ciência de que o caminho é gradual; no coração humano, devido ao pecado, habitam dificuldades e fraquezas que causam o desperdício de recursos preciosos para a vida e para a missão. Tais fraquezas fragmentam a unidade, comprometem o crescimento e o progresso

---

[21] ALBERIONE, *Anima e corpo per il Vangelo*, p. 34.
[22] Ibid., p. 81.
[23] Ibid., p. 44.

espiritual.[24] As dificuldades opõem-se entre si, como afirma São Paulo: "Faço aquilo que não quero" (cf. Rm 7,16).

Embora proponha um ideal elevadíssimo, o fundador demonstra que não é suficiente dizer com as palavras: "Este é o ideal, e tu, agora, o aceite". O caminho da vida pressupõe a conversão à Verdade e à tomada de consciência das possíveis dificuldades ou distorções que ele define como *doenças da mente* e para as quais propõe os respectivos remédios.

Uma mente santificada na era digital

A formação apoia-se fortemente na seleção de pensamentos que exercem influência significativa sobre a mente, os sentimentos e as ações. É imprescindível recordar que no pensamento de Alberione está sempre subentendida a ideia de uma formação integral da personalidade. Ainda que ele fale da mente, esta se deve sempre considerar ligada com as outras dimensões humanas da vontade e do coração.

Na atual *sociedade da mente e do conhecimento*, somos chamados a santificar esta capacidade real, a tentar realizar o "sede, portanto, perfeitos como o vosso Pai celeste é perfeito" (cf. Mt 5,48), exigido de todos pelo Cristo Mestre.

Logo, o objetivo de uma mente santificada corresponde àquele de uma vida toda santificada, também com o auxílio das novas tecnologias, que exigem particularmente uma gestão cuidadosa e valorização do tempo, categoria cultural que na era digital sofreu uma profunda transformação.

Uma mente que santifica a vida, ou seja: que concorda em valorizar a história segundo o pensamento de Jesus, em julgar a vida como ele e em discernir, escolher e amar como ele,[25] baseia-se em Cristo, no Evangelho. A mente é como uma bússola que auxilia e orienta as escolhas, as decisões, os projetos e as modalidades de realização.

---

[24] Cf. ibid., p. 32.
[25] Cf. TONELLI, R. I formatori e La comunicazione sapienziale dei valori. In: ROSANNA, E.; DEL CORE, P. *La vita religiosa alle soglie del duemila. Verso quali modelli formativi?* Roma: LAS, 1997. p. 401-428 – aqui, p. 402.

A mente, em seu desenvolvimento integral, torna-se não só ponto de partida, mas também de chegada para afrontar os desafios do mundo de sempre, ainda mais hoje, neste adensamento de mensagens a serem discernidas e elaboradas.

A santificação da mente exige uma sua ascese. É preciso adesão total da vida à pessoa de Jesus, que concede a "graça de fazer tudo o que ensina".[26] Portanto, "que a mente seja disciplinada: pense a verdade; o coração seja incentivado a amá-la; a vontade encontre aplanada a estrada correta",[27] para construir, assim, uma personalidade *inteligente, amorosa e que quer*. Padre Alberione insiste vigorosamente na formação da mente porque está convencido de que as mídias são capazes de modelar e direcionar a mentalidade da pessoa e da sociedade. Daqui resulta sua ideia fixa e seu esforço apostólico para *fazer a todos a caridade da verdade*,[28] a ser transmitida também na era digital.

É particularmente significativa a abordagem de Gardner a respeito da dimensão da mente. Tal perspectiva de estudo pode conjugar e integrar satisfatoriamente aqueles comportamentos mentais que permitem cultivar a mente até a sua própria santificação. O estudioso perguntou-se quais formas de inteligência seria necessário alimentar para o amanhã porque "o mundo do futuro – com os ubíquos mecanismos de busca, robôs e dispositivos informáticos de todo tipo – vai exigir habilidades que até agora foram facultativas. Para apresentarmo-nos a esse encontro necessário marcado, deveríamos começar desde já a cultivar essas habilidades".[29]

Ele indica, em especial, *cinco mentes ou cinco chaves*[30] que as pessoas precisarão para enfrentar os desafios do futuro. Elas são diferentes das oito ou nove habilidades cognitivas que caracterizam a pessoa humana que o próprio Gardner já havia apresentado. Não

---

[26] ALBERIONE, *Donec formetur Christus in vobis*, n. 50.

[27] Id., *Anima e corpo per il Vangelo*, p. 107.

[28] Cf. Id. *Alle Figlie di San Paolo. Anno di consolidamento e di sintesi 1955*. Roma: Figlie di San Paolo, 2010. p. 163.

[29] GARDNER, E. H. *Cinque chiavi per il futuro*. Milano: Feltrinelli, 2007. p. 12.

[30] As cinco mentes são assim denominadas: *disciplinar, sintética, criativa, respeitosa* e *ética*. Segundo Gardner, as primeiras três mentes ocupam-se das formas de conhecer, enquanto as últimas duas dizem respeito à esfera dos relacionamentos sociais (cf. GARDNER, *Cinque chiavi per il futuro*, p. 17).

são habilidades específicas, mas mentalidades abrangentes que podem ser cultivadas na escola, nas empresas e nas profissões.[31]

São "mentes" que guiam tanto a esfera dos processos cognitivos quanto aquela da iniciativa humana.[32]

Eis a lista:

- *Mente disciplinar*, que se adquire na escola, nos primeiros dez anos de vida: consiste no domínio de uma disciplina e na capacidade de renová-la por meio de um uso regular no tempo.[33] Pode-se reconhecer nesta mentalidade a disposição pessoal para o estudo como a concentração assídua e apaixonada para conhecer e assimilar matérias específicas que preparam para a vida e para uma profissão. O estudo possui um valor formativo forte porque fornece autodisciplina, competências amplas, capacidade de escolha. Além disso, a *mente disciplinar* exige também a autoformação contínua, indicada por Alberione com um termo inventado por ele mesmo – *estudiosidade* –, que se refere a uma atitude constante da pessoa vigilante e presente em si mesma, atenta e reflexiva diante da realidade cotidiana, das imensas possibilidades oferecidas pelas novas tecnologias da comunicação para valorizá-las com inteligência e discernimento. Tal disposição permite preencher a vida com sabedoria, para seu proveito e dos demais. Não possui, pois, prazo de vencimento, e a estudiosidade prolonga-se por toda a vida em ritmos que vão crescendo, mantendo viva a alegria e o gosto de aprender sempre *de todos e de tudo* para dar um novo impulso para a própria vocação e missão específica.

- *Mente sintética*, isto é: a capacidade de recolher as informações de diversas fontes, de compreendê-las, avaliá-las e combiná-las num conjunto coerente. A habilidade sintética é uma das características fundamentais da inteligência, particularmente importante na contemporaneidade, com

---

[31] Cf. ibid., p. 14.
[32] Cf. ibid., p. 13.
[33] Cf. ibid., p. 53.

o imponente fluxo de informações e conhecimentos que se acumulam. A *mente sintética* tem a capacidade não só de síntese, mas de discernir entre o que é essencial e o que é facultativo com respeito a um conjunto complexo. Ela representa um recurso vital para estruturar num conjunto coerente informações provenientes das fontes mais diversas.[34]

- *Mente criativa*, ou seja: a capacidade de ativar respostas originais e soluções a problemas novos. É um tipo de mente habilitada a ir além dos estereótipos. Gardner define criativa "uma pessoa que num campo de atividade resolve regularmente problemas, elabora produtos ou formula novos questionamentos, de um modo que é inicialmente considerado original e que acaba por ser aceito num ambiente cultural particular".[35] Tal dimensão exige a necessidade de desenvolver a produção de ideias novas. Ela não é uma função que pertence só a quem tem talento ou capacidade, mas uma qualidade humana fundamental que deve ser potencializada para suportar os desafios de uma sociedade que impulsiona para a uniformidade, o conformismo e o achatamento crítico.

- *Mente respeitosa*, ou seja: uma mente que tem ciência das diferenças entre as pessoas e as culturas diversas. É aquela mente que tenta compreender os outros considerando a realidade deles. Isso não significa renunciar às próprias convicções, mas aprender a arte do confronto e do diálogo sem reduzir o outro aos próprios esquemas e visão. Uma mente respeitosa está humildemente à procura da Verdade, isto é: é aberta, saudavelmente curiosa e ativa, não se contenta com pensar "pequeno" e não cai em discursos previsíveis e superficiais. É uma mente que não se impõe, mas propõe a própria posição ou interpretação da realidade,

---

[34] Cf. ibid., p. 56.

[35] GARDNER, E. H. *Intelligenze creative. Fisiologia della creatività attraverso le vite di Freud, Einstein, Picasso, Stravinskij, Eliot, Gandhi e Martha Graham*. Milano: Feltrinelli, 1994. p. 53.

o que pressupõe um suficiente conhecimento das dinâmicas humanas e relacionais.

- *Mente ética*, isto é: a aceitação consciente da própria responsabilidade pessoal e geral que vai além do respeito para com os outros. É aquela capacidade da mente que exige que o sujeito viva em primeira pessoa o que pede dos outros. A mente ética baseia-se em valores, coerência pessoal, busca da autenticidade. Impõe a si própria as normas sociais ou morais antes de exigi-las dos demais.

A pessoa humana deveria possuir e cultivar esta "série de cinco inteligências",[36] importantes em qualquer época, particularmente hoje, diante da confusão e, às vezes, da sensação de desorientação que a atual geração vivencia. Elas constituem o fundamento humano para conformar-se ao Evangelho e, portanto, realizar a santificação da mente.

O *podcasting* para comunicar e usufruir os conteúdos: uma modalidade formativa

Na vida religiosa, parece prevalecer uma modalidade de transmissão de conteúdos em geral estática. A relação com as novas tecnologias ainda está numa fase embrionária, porém já é indispensável, em especial para os formadores, familiarizar-se com o novo clima cultural determinado pelo mundo digital e, sobretudo, conhecer e possivelmente aprender a usar os dispositivos tecnológicos cada vez mais miniaturizados e portáteis, como os leitores MP3, que, para a *geração net*, são quase parte integrante do próprio corpo e, pois, da própria experiência de vida. Os jovens e as jovens que batem à porta da vida religiosa pertencem totalmente à cultura digital. De qualquer maneira, a atividade formativa deve sintonizar-se com este novo ambiente cultural. Na realidade, é preciso aprender a usar a linguagem das mídias digitais para promover um uso crítico e

---

[36] Id., *Cinque chiavi per il futuro*, p. 171.

responsável dos instrumentos e dos conteúdos que são veiculados continuamente por eles.

Diante das inovações trazidas pelas novas tecnologias e seu possível emprego no âmbito educacional, penso que os instrumentos didáticos (neste caso o *podcasting*, que poderia ser comparado ao velho sistema de gravação das lições em fitas cassete) não são por si mesmos inovadores, mas tornam-se quando, com base na oportunidade que oferecem e nas solicitações que provocam, induzem a mudar certos aspectos do contexto formativo em que estão inseridos.[37]

No contexto sociocultural contemporâneo, não só "as formas da missão e do anúncio evangélico devem ter em grande conta as transformações que o homem realiza em sua história",[38] mas também as instituições religiosas são questionadas para refletir sobre a própria proposta formativa. O escopo é o de proporcionar percursos novos e mais flexíveis que levem em conta as transformações atuais das novas linguagens transmitidas na web, que sejam abertos ao "uso ativo e criativo"[39] das novas tecnologias para captar as oportunidades educativas. Nesse sentido estou convencida e tenho certeza de que a hipermídia e a comunicação em Rede não são somente espaços sociais imprescindíveis para a evangelização, como afirma repetidamente a Igreja e testemunha o carisma paulino, mas são também uma arena extraordinária para ampliar a colaboração e o compartilhamento de recursos, para ampliar os espaços de comunhão, para experimentar novas formas comunicativas, para repensar e renovar as modalidades de transmissão dos conteúdos, em especial para a formação.

Outros já disseram e fizeram escola com as inovações tecnológicas. Isso é comprovado por uma vertente inteira de estudos

---

[37] A esse respeito, ver o texto de: ANTONIETTI, A.; CANTOIA, M. *Imparare con il computer. Come costruire contesti di apprendimento per il software*. Trento: Centro Studi Erickson, 2001.

[38] STAGLIANÒ, A. Anche dai tetti urge predicare il Dio di Gesù Cristo. In: VV. AA. *Predicatelo dai tetti*. Milano: Ufficio Nazionale per le Comunicazioni sociali/Paoline, 2001. p. 41.

[39] JOÃO PAULO II. Mensagem para a XXXV Jornada Mundial das Comunicações Sociais: "Pregai-o dos telhados: o Evangelho na era da comunicação global", 27 de maio de 2001.

e de experiências relativa à *media education* e, ainda hoje, como já escrevi, existe um aumento de aplicações no ambiente da didática que não pode ser ignorado. É preciso enumerar no curso formativo religioso as experiências ricas e válidas realizadas com sucesso na didática tradicional utilizando, principalmente com os grupos mais jovens, o alfabeto digital, o mais compreensível para as novas gerações.

A esse propósito, fiz uma pesquisa através do instrumento *podcasting*. Pretendo, todavia, chamar a atenção para um detalhe. A tecnologia do *podcasting* na formação coloca-se como uma peça entre as outras modalidades de comunicação de conteúdos e de oportunidades de aprendizagem também na Web 2.0. A experiência foi feita durante um período de dezoito dias[40] no interior de uma estrutura posta à disposição para o tempo de preparação à profissão perpétua nas Filhas de São Paulo. O itinerário que demarcou os tempos e modalidades da pesquisa pode ser subdividido em três momentos.

O *primeiro* momento foi o de iniciação e habilitação para o uso do *podcasting* a fim de motivar suficientemente as *junioras* (dezoito jovens religiosas com votos temporários provenientes da Europa, Ásia, África e Américas) na pesquisa e para tornar possível sua colaboração.

No *segundo*, efetivou-se a fase prática, em que os sujeitos participaram pessoalmente do experimento depois de terem ouvido o relatório que fiz sobre o tema da "Santificação da mente". Ela marcava o início da experiência.

No *terceiro* momento, concluída esta fase, através de um questionário foi possível aferir a nova atividade formativa.

De concreto, com o instrumento *podcasting*, projetou-se para e com o grupo, a partir da exposição do conteúdo sobre a *santificação da mente*, um curso de estudos, de colaboração e de compartilhamento que se concretizou com a publicação de conteúdos multimídia num blog privado (*Formação podcast*).

Através da plataforma do blog as jovens podiam desfrutar, ou enriquecer com comentários ou com uma nova produção, o

---

[40] A experiência foi feita de 7 a 24 de abril de 2008.

tema indicado pela *santificação da mente* segundo as lógicas e os interesses pessoais. De tudo isso fica estabelecido o conhecimento de que fazer a formação na era digital não é só fazer o compartilhamento, mas são necessários também *input* do exterior.

Em direção ao futuro

Uma só experiência não é suficiente para determinar um juízo que compreenda toda a gama das possibilidades. Entretanto, a pesquisa proporciona elementos significativos que indicam a sua validade. As observações propostas não são sobre o instrumento em si, mas sobre a experiência de utilização do *podcasting* no âmbito de uma atividade formativa. Para delinear alguns traços característicos que surgiram da experiência e para compreender o significado e o valor de tal abordagem formativa, foram identificadas algumas *palavras-chave* consideradas paradigmáticas com relação à experiência vivida.

A primeira é *interatividade*. Um dos aspectos mais relevantes para as jovens foi o próprio compartilhamento, a participação, a possibilidade de interação num espaço ativo e criativo que o uso do *podcasting* e a experiência em si proporcionaram aos usuários. Todos os sujeitos sentiram-se envolvidos no experimento, tanto como receptores quanto emissores de conteúdos. O compartilhamento foi um elemento fortemente destacado e desejado também considerando o futuro. O desejo tão difuso de compartilhar só pode levar a refletir e, portanto, perguntar como e quando estar presentes nos espaços de compartilhamento on-line.

A segunda é *conhecimento*. A dimensão da aprendizagem de conteúdos, de novas formas comunicativas, com uma modalidade dinâmica, autônoma e criativa, surgiu constantemente nas respostas das jovens religiosas. A experiência alimentou e ampliou o conhecimento que faz amadurecer novas competências e novos comportamentos segundo um estilo cooperativo, em linha com uma visão *construtivista* da didática, que visa a proporcionar "uma espécie de aprendizagem do tipo construtivo (o saber se produz, não se adquire) e colaborativo (é coletivo, não individual)".[41]

---

[41] RIVOLTELLA, P. C. *Media education. Modeli, esperienze, profilo disciplinare*. Roma: Carocci, 2001. p. 127.

A terceira é *utilidade*. Os sujeitos reconheceram a validade do instrumento para a aprendizagem, a evangelização, a animação vocacional, a autoformação em consonância também com a missão da instituição à qual pertencem e que prevê a comunicação da *Palavra* no mundo midiático.

Finalmente, a quarta é *discernimento*. Muitas vezes surge a exigência de um uso correto do instrumento. As jovens estão cientes dos riscos e das armadilhas nas quais é possível cair através da utilização imatura das tecnologias: individualismo, isolamento, superficialidade. Com o *podcasting*, como para toda atividade midiática, é preciso manter ativa a capacidade de discernimento da pessoa que atinge aquilo que sente ser para ela naquele momento a coisa mais importante. Nesse sentido pode-se afirmar que a mudança do mundo das mídias não é gerada pelas mídias, mas por seus usuários e pelo contexto em que se movem, pela capacidade de filtrar, escolher, compartilhar e gerenciar com inteligência e bom senso tudo que é oferecido ao próprio conhecimento e à capacidade de valorização.

Além dessas observações contidas, mas também muito mais amplas, nas quatro palavras evidenciadas, podemos destacar aspectos ulteriores. Com o uso do *podcasting*, que permite o *mobile learning*, vai-se além dos limites impostos pela aprendizagem tradicional, que se desenvolve no ambiente restrito de uma classe ou aula. Foi construído em conjunto um ambiente de aprendizagem diferente comparado ao modelo tradicional de transmissão de conteúdos formativos. Com os dispositivos móveis, de fato, instaura-se uma nova modalidade na produção do conhecimento e da aprendizagem. No curso da atividade pedagógica tradicional, o *formato* da transmissão de conteúdos muitas vezes reduz-se à *explicação*, à *atribuição de tarefas* e à *prova*. Com a multimídia, a Rede torna-se uma aliada formidável da cultura, do conhecimento, do compartilhamento, da formação da mente também para a vida religiosa.

A comunicação multimídia on-line feita através do blog e do *podcasting* ampliou o espaço sociorrelacional do grupo, criando um cenário de ação inédito: a Rede. Nela o lugar social é o próprio espaço da comunicação. Pode-se afirmar que as jovens viram-se "diante de uma comunicação que não ocorre num lugar ou entre lugares diferentes, mas que se propõe ela mesma como lugar de seu acontecer".[42] De fato, a dimensão espaçotemporal da comunicação mediada pelo computador amplia-se. Hoje, com os dispositivos portáteis, tende-se a falar cada vez mais de *formação difusa ou distribuída* para todos aqueles processos formativos que integram a comunicação mediada pelo computador[43] e proporcionam a *lifelong formation*, isto é: a formação ao longo de toda a vida.

Agora, em termos concretos, perguntamo-nos: o *podcasting* pode incentivar e potencializar a atividade formativa?

A resposta a essa pergunta a partir dos resultados da pequena pesquisa feita é positiva. É preciso sempre levar em conta o contexto educacional, incluídos os objetivos e as atividades adequadas para a aprendizagem. De fato, "se e como o *podcasting* assume um valor educativo depende em grande parte de sua utilização".[44] Além disso, ele não possui nenhum valor intrínseco. Sua utilidade deriva do fato de que facilita a obtenção dos objetivos formativos através do envolvimento dos sujeitos na dinâmica da aprendizagem, como foi possível verificar no curso da pesquisa exploratória. Nesse sentido utilizá-lo no âmbito formativo significa mobilizar o aspecto do compartilhamento e dar vida a uma galáxia interativa que permite estender o espaço do conhecimento, da criatividade e de ampliar novas possibilidades do saber. Todavia, fazer a formação com as mídias não é só fazer compartilhamento ou troca entre iguais; é preciso também *input* do exterior. Como sustenta Caterina Cangià, "a comunicação multimídia *off line* e *on line* [...] facilita a aprendizagem aberta e, longe de substituir o professor ou educador, estimula as relações interpessoais entre estes e a classe ou o grupo".[45] As tecnologias, por mais desenvolvidas e portadoras de saberes diversos e complementares, não podem exaurir as demandas de conhecimento. Elas são desprovidas dos níveis de intensidade e

---

[42] Id. *Costruttivismo e pragmatica della comunicazione on line. Socialità e didattica in Internet.* Trento: Erikson, Trento 2003. p. 142.

[43] Cf. ibid., p. 142.

[44] DEAL, A. A *Teaching with Technology White Paper. Podcasting.* Disponível em: <http://www.cmu.edu/teaching/resources/PublicationsArchives/StudiesWhitepapers/Podcasting_Jun07.pdf>.

[45] CANGIÀ, C. *Teoria e pratica della comunicazione multimediale nella scuola, nella formazione professionale.* Roma: Tuttoscuola, 2001. p. 102.

de profundidade explorados pela cultura do passado e exploráveis em cursos de formação nos quais a pessoa do formador, com todo o seu mundo cultural, afetivo e humano, possui um papel-chave no processo de desenvolvimento pessoal e coletivo.[46] A tarefa e a responsabilidade do guia não são postas em discussão porque permanece sempre ele quem deve saber instaurar uma relação amadurecida e confiável com as pessoas que lhe são confiadas.

O buraco da agulha torna-se mais sutil para a formação. Ela pode preencher a onipotência da tecnologia com conteúdos que a vida humana é capaz de compreender. Converter a neutralidade dos dados em padrões formativos exigentes para quem é chamado todos os dias a reinventar o próprio projeto de vida.[47] Essa profunda mudança de uma época envolve também o percurso de formação no aumento da fé que assume novas linguagens e novas formas. Eis aqui o desafio da *santificação da mente* mediante o *podcasting* ou, em geral, com as várias tecnologias.

Padre Alberione, com espírito profético, já tinha previsto aquilo que teria dito Monsenhor Montini, o novo arcebispo de Milão e futuro Papa Paulo VI, pregando aos escritores:

> Vós tomais a Palavra de Deus e a revestis de tinta, caracteres, papel, e as enviais assim vestida ao mundo. É a Palavra de Deus assim vestida, é o Senhor *embalado*, e vós dais aos homens o Deus embalado, como Maria deu aos homens o Deus *incarnado*. Embalado e incarnado correspondem-se.[48]

Padre Alberione assumiu totalmente a expressão de Paulo VI indicando a urgência apostólica de fazer conhecer aos homens e às mulheres de seu tempo a *Palavra embalada*, ou seja: a Palavra de Deus revestida de papel e também de múltiplas formas da

---

[46] Cf. GUARINI, M. *Agorà telemática*. Roma: Edizioni Vivere in, 2001. p. 90.

[47] Cf. MARGIOTTA, U. L'educazione della mente nella learning society. Pratiche formative e modelli esperti di apprendimento. In: FILOGRASSO, N. (org.). *L'educazione della mente. Didattica dei processi cognitivi*. Milano: Franco Angeli, 2002. p. 94-125 – aqui, p. 100-101.

[48] ALBERIONE, G. *Alle Figlie di San Paolo. Gli anni del rinnovamento e dell'approvazione pontificia 1954*. Roma: Figlie di San Paolo, 2008. p. 266.

comunicação midiática. Se o profeta da comunicação vivesse hoje, não hesitaria em afirmar que a Palavra de Deus deve ser revestida de *bit*, deve assumir a forma digital para viajar nas estradas do mundo através das novas tecnologias e iluminar as mentes de todos. Portanto, a *santificação da mente* através do *podcasting*, com as múltiplas linguagens da Web 2.0, pode tornar-se, para as novas gerações, *não só conteúdo* a ser comunicado e a ser feito conhecido, *mas também método pedagógico e didático* pelo qual transmitir os valores evangélicos para crescer no processo de configuração a Cristo Mestre até o alvo da santidade.

Conclusão

De tudo quanto foi expresso é possível extrair alguns elementos de reflexão para a formação na vida consagrada. Em relação à *construção da identidade e dos percursos de amadurecimento na área vocacional e carismática*, é premente cuidar de tal realidade com estratégias adequadas e projetos para o desenvolvimento de uma identidade plena e construtiva, sólida e estável. Na atual complexidade social, com potencialidades sem precedentes, onde reina a incerteza e, muitas vezes, a confusão de valores, a fragmentariedade da experiência e a deterioração progressiva das relações interpessoais, os percursos de crescimento para adquirir e confirmar no tempo uma identidade sólida constituem um desafio e uma premência fundamental e decisiva para a vida consagrada.

A elaboração de uma identidade saudável, na qual o surgir do eu é necessariamente em perspectiva do Tu e do Nós, é a chave de acesso para incrementar os espaços de liberdade e de responsabilidade nas próprias decisões diante das inumeráveis e sempre mutáveis propostas. "A vida, no verdadeiro sentido, não a possui cada um em si próprio sozinho, nem mesmo por si só: aquela é uma relação."[1] Nessa perspectiva toda comunicação autêntica desenvolve-se e amadurece na relação interpessoal de acordo com a lógica de um processo refinadamente maiêutico.

É sabido que "toda atividade de comunicação possui uma dimensão educacional, assim como toda atividade educativa baseia-se numa dimensão comunicativa numa relação indissolúvel

---

[1] BENTO XVI. Carta encíclica *Spe Salvi*, n. 27. Disponível em: <http://www.vatican.va/holy_father/benedict_xvi/encyclicals/documents/hf_ben-xvi_enc_20071130_spe-salvi_po.html>.

de reciprocidade".² Tudo isso questiona a formação, que, todavia, permanece, de qualquer maneira e primariamente, um evento relacional em que o formador é chamado para facilitar o processo maiêutico e para integrar com equilíbrio e sabedoria as modalidades comunicativas à disposição e de qualquer gênero que sejam.

A esse aspecto soma-se um tema fundamental na época atual: *o desenvolvimento da capacidade de discernimento*. O uso das tecnologias digitais permite ao usuário exercer a própria influência através da produção de conteúdos, do compartilhamento de informações e recursos, das próprias avaliações e decisões diante do poder de sedução do mundo on-line. Isso traz para a discussão a dimensão do discernimento, que, como uma *bússola* ou uma *carta náutica*, permite "conhecer rotas e ventos no mar da *crossmedia*"³ para decidir onde atracar, ou onde levantar âncora o mais rápido possível, no encantador *metamundo*. Para poder navegar com uma orientação precisa no oceano digital, é imprescindível uma formação do discernimento a fim de que se torne estilo constante de vida e compromisso inderrogável diante das escolhas e das novas questões.

Para discernir e decidir, não é necessário estar à altura das últimas novidades da tecnologia e das aplicações digitais. Trata-se de ver com um olhar novo, mas também sem ilusões, a realidade midiática na qual estamos imersos e somos influenciados cotidianamente para aprender a perguntar-se com liberdade sobre as efetivas motivações do *como* e do *por que* se usam ou se escolhem a fim de empenhar-se com senso crítico e uso responsável, superando os possíveis entusiasmos fáceis ou ideias preconcebidas.

Um ulterior aspecto que surge com vigor, graças à convergência midiática, diz respeito à *conectividade ubíqua* ou comunicação móvel, que representa um dos setores propulsores do ponto de vista tecnológico e econômico, com uma difusão planetária entre seus utilizadores. A *mobile communication* [comunicação móvel] transformou as práticas sociais. Ela não fica circunscrita ao simples alcance telefônico quando se está fora de casa ou do local de trabalho. A *conectividade ubíqua* permite estar sempre conectado na

---

[2] GALLIANI, L. Didattica e comunicazione. *Studium Educationis* 87 (4/1998) 626-662 – aqui, p. 626.

[3] FOLENA, U. Un nuovo umanesimo digitale. *Avvenire*, 24 abr. 2010.

Rede, aos repertórios de informações e à *network* de comunicação interpessoal e profissional.[4] No fundo, com um pequeno dispositivo portátil o mundo torna-se cada vez mais uma aldeia. Esse aspecto de um lado anula distâncias e tempos, de outro suscita nas pessoas uma sensação de quase onipotência que impede um real contato com a realidade do limite.

A *mobile communication* conjuga-se com uma nova forma de instrução: a *mobile learning* [ensino a distância], isto é, a formação em movimento, que vai influenciar decisivamente as modalidades de aprendizagem porque permite novas formas de conhecimento e de estudo. A possibilidade de aprender com os dispositivos "móveis" oferece inumeráveis vantagens e oportunidades, entre as quais o abatimento dos custos para estruturar e seguir um curso na Rede, a possibilidade de escolher modalidades personalizadas de aprendizagem, além do espaço e do tempo (síncrono ou assíncrono). Além de tudo, estimula o aprender em contextos diversos daqueles formais, com a possibilidade de estender tal oportunidade ao longo da vida toda.

Tudo isso não exclui o uso daquelas modalidades ligadas à aprendizagem formal, também necessária e insubstituível. É preciso, ao contrário, integrar sempre mais essas duas modalidades didáticas para transmitir os conteúdos também no âmbito formativo da vida consagrada. Trata-se de construir uma ponte entre as práticas tradicionais e as novas tecnologias porque, para a *geração digital*, a internet é um ambiente concreto de vida.

Não se deve ignorar que as novas tecnologias portáteis – como o *podcasting*, utilizado no desenvolvimento da experiência formativa – proporcionam uma arena para a aprendizagem não formal, que põe à prova um tipo de pensamento analógico e imaginativo, delegado pela intuição, pela imaginação, pela fantasia e pelo sonho, mais do que um pensamento lógico-dedutivo, orientado para a reflexão e o raciocínio, que certamente não deve ser excluído para um desenvolvimento integral da pessoa também na vida consagrada.

---

[4] MARINELLI, A. Connettività vs mobilità. Uno sguardo sul futuro della comunicazione mobile. Prefazione all'edizione italiana. In: CASTELLS et al. (orgs.). *Mobile communication e trasformazione sociale*. Milano: Guerini e Associati, 2008. p. 7-22.

Portanto, é necessário inserir nos projetos formativos não só o estudo do fenômeno comunicativo, mas também a consequente experimentação de suas práticas com propostas de formação permanente, para enriquecer o quadro das competências dos indivíduos na linha de continuidade e progressividade.

Tudo isso tem uma particular repercussão na formação dos formadores e das formadoras. Hoje em dia é-lhes exigido, além da formação específica, uma competência midiática, isto é, a capacidade de ao menos conhecer e, se possível, valer-se das tecnologias em diversos níveis. É uma competência que se pode considerar necessária e com toda razão dentro do conceito mais amplo de cidadania cognitiva na sociedade da informação.

Nessa perspectiva é necessário e indispensável investir numa direção dupla: na *formação permanente* dos sujeitos e na *preparação dos formadores e das formadoras*.

"A formação é o futuro do presente."[5] Essa expressão passa incisivamente a ideia de que a construção do futuro inicia-se no momento em que a sociedade, as instituições civis e religiosas investem decisiva e sabiamente na formação dos próprios membros. A condição imprescindível para que a vida consagrada tenha um futuro está na renovada convicção de que "a capacidade formativa de uma instituição, seja em sua fase inicial, seja nas fases sucessivas, encontra-se no centro de todo o processo de renovação".[6] Não subsistem dúvidas: se a formação é o canteiro de obras do futuro, sem formação não se constrói nada, sem formação não há futuro.

É preciso dar primazia à formação integral e gradual das pessoas não só nos documentos, mas na prática de iniciativas e atividades.

Na realidade, a formação bem vivida é *kairós*, isto é, tempo oportuno para novos começos, tempo de Deus à luz do qual se

---

[5] A frase de Christoph Wulf, docente de Ciências da Educação e de Antropologia Histórica na Freie Universität de Berlim, é citada por F. DESIDERI em "Società del sapere e nuove figure istituzionali" (In: DI BELLO, G. (org.). *Formazione e società della conoscenza;* storie, teorie, professionalità. Atti del Convegno di studi, 9-10 nov. 2004. Firenze: Firenze University Press, 2006. p. 235-240 – aqui, p. 235.

[6] BENTO XVI. Discurso aos bispos do Brasil: "A vida consagrada não poderá jamais faltar nem morrer na Igreja", 5 de novembro de 2010.

tornar o "homem perfeito" que ele chama de suas criaturas, é colaborar com ele, com toda a própria tensão no amadurecimento, no crescimento integral. Sem inúteis ou – pior ainda – adiamentos danosos, urge abandonar um espiritualismo estéril, os métodos prevalentemente ascéticos e moralistas. É preciso liberar-se dos sistemas talvez demasiado centralizadores. Será esclarecedor e, ao mesmo tempo, provocatório valer-se de métodos que levem a pessoa a crescer no Espírito daquela esplêndida liberdade em Cristo da qual fala São Paulo na Epístola aos Gálatas (cf. Gl 5,13– 6,18). Então todos saberão viver e agir com espírito criativo, com sentido claro e preciso de responsabilidade. Saberão colaborar com perfeito e sereno destaque, em total gratuidade[7] e bem *robustecidos* pela história para ser luz que irradia o esplendor do Evangelho.

Tudo isso exige, especialmente das mediações formativas, um pensamento versátil, competência, olhar crítico, abertura para o novo e o futuro. Trata-se de um caminho lento, no qual nos movemos com passos tímidos e incertos, mas é um percurso possível e inevitável se não se quer ficar à margem da história em contínuo movimento. É preciso continuar a paciente arte da pesquisa de novas oportunidades formativas, também com as linguagens da informática e da comunicação, para ativar o uso crítico e responsável das inovações tecnológicas, isto é, uma utilização apostólica que capacite as novas gerações a interagir ativa e eticamente com as mídias a partir do próprio patrimônio cultural.[8]

Nas dobras da contemporaneidade, a vida consagrada atravessa uma fase de aflição e de mudança. É difícil saber que direção tomará nos próximos anos. Poderão desmoronar algumas instituições, mudar as formas de vida e de testemunho, as modalidades com que a vida religiosa expressa-se hoje no mundo. Mas também é certo que o Evangelho permanece e sempre permanecerá com seu poder arrebatador e contagiante para quem tem a graça de acolhê-lo e de viver em conformidade com ele. Deus vai continuar a chamar e sempre haverá alguém que escutará a sua voz e colocar-se-á

---

[7] Cf. DEL CORE, P. *La formazione nella vita consacrata, oggi*, p. 33.
[8] Cf. RIVOLTELLA, P. C. *Mass media e nuove tecnologie. Opportunità educative in una società che cambia*. Disponível em: <http://reocities.com/Athens/Crete/1081/testo8.html>.

no seu seguimento com *amor íntegro*, com a totalidade da vida. Mudará a forma de vida comum e nascerão novas modalidades de associação. Talvez seja possível ver grupos de consagrados unidos através das novas formas comunicativas constituírem comunidades virtuais com projetos digitais para compartilhar o pensamento, a espiritualidade, outras formas de testemunho, de apostolado, de vida. Homens e mulheres capazes do mesmo amor por Deus e pela humanidade a ser levada para ele formarão um conjunto de uma grande família que crê, ama e espera, que continua a ser o fermento para o mundo e a *dizer Deus* também no ciberespaço.

Quem for chamado a formar as novas gerações não pode deixar de colocar-se essas possibilidades com um olhar previdente e ouvir atento, perspicaz e necessariamente real. Aqui e acolá germinam humildemente novas ideias, novas possibilidades. Nasce e amadurece uma criatividade nova e vivaz, mesmo porque a humanidade evolui e as tecnologias evoluem e aperfeiçoam-se. Diria o profeta Isaías: "Aqui e acolá surgem coisas novas" (cf. Is 43,16-21). Urge a coragem de saber entrevê-las e atendê-las, porque o Espírito, alento vivificador de Deus que guia a Igreja, sempre inventa e sugere novas formas e estratégias de presença no e pelo mundo.

O anseio missionário para fazer encontrar a pessoa de Cristo com os homens e as mulheres de hoje é o impulso que motiva na direção da pesquisa de estilos formativos adequados com a evolução dos tempos, que abre as portas para uma nova capacidade de conhecer, viver e apresentar os conteúdos da fé na era digital. Como escrevia Padre Alberione:

> Os tempos vão adiante. É inútil dizer: antigamente isto não existia; não se fazia assim! [...] devemos salvar as almas de hoje. [...] Devemos tornar-nos cada vez mais laboriosos e fervorosos para levar luz às almas. Diminuirão as energias físicas, mas elas serão substituídas pelo incremento da sabedoria e habilidade. [...] Não devemos cristalizar-nos.[9]

---

[9] ALBERIONE, G. *Alle Figlie di San Paolo. Gli anni dei primi viaggi internazionali e della seconda espansione 1946-1949*. Roma: Figlie di San Paolo, 2000. p. 576-577.

A missão é a incarnação no próprio tempo e a vida religiosa, em suas múltiplas expressões, será eficazmente missionária também na medida em que saberá habitar os espaços de seu tempo, conhecer, entender, valer-se das novas tecnologias para o próprio amadurecimento, para uma devida e justa liberdade, para descobrir os espaços em que se aninham as formas para evangelizar o mundo digital, para um testemunho e um anúncio que realmente diga o Senhor.

BIBLIOGRAFIA

ALBERIONE, G. *Anima e corpo per il Vangelo*. Cinisello Balsamo (MI): San Paolo, 2005.

CALVANI, A. *Educazione, Comunicazione e nuovi media. Sfide pedagogiche e cyberspazio*. Torino: Utet, 2009.

CHIOSSO, G. (org.). *Sperare nell'uomo. Giussani Morin, MacIntyre e la questione educativa*. Torino: SEI, 2009.

FASANO, C. *Opera o persona? Un nuovo paradigma organizzativo della vita consacrata*. Milano: Àncora, 2005.

FELINI, D. *Pedagogia dei media*. Brescia: La Scuola, 2004.

GRÜN, A. *Terapia dei pensieri*. Brescia: Queriniana, 2004.

MALIZIA, G.; TONINI, M.; VALENTE, L. *Educazione e cittadinanza. Verso un nuovo modello culturale ed educativo*. Milano: Franco Angeli, 2008.

PAOLINI, L. *Nuovi media e web 2.0. Come utilizzarli a scuola e nei gruppi*. Bologna: Dehoniane, 2010.

PIAN, A. *Didattica con il Podcasting*. Roma/Bari: Laterza, 2009.

RIVOLTELLA, P. C. *Media education. Modelli, esperienze, profilo disciplinare*. Roma: Carocci, 2001.

PUBLICAÇÕES DA AUTORA

Livros

FORMAZIONE a portata di click. Comunicazione digitale e santificazione della mente. Milão: Paulinas Editorial Livros, 2011.

LA FORMAZIONE alla vita consacrata nel tempo del Web. Il Podcasting come strumento di formazione: ricerca esplorativa su un gruppo di juniores. Estratto della tesi di Dottorato, Pontificia facoltà Scienze dell'educazione – Auxilium: Roma, 2011.

VIENI, Spirito Santo. Sette incontri in preparazione alla Pentecoste. Milão: Paulinas Editorial Livros, 2006. [Traduzido para o espanhol: *Ven Espiritu Santo, Siete encuentros como preparación para Pentecostés*, Madrid: Paulinas, 2010.]

Artigos em revistas

FORMAÇÃO inicial e formação permanente: qual relação? In: *Consacrazione e Servizio* (2012), no prelo.

IDENTIDAD y experiencia de los religiosos en las redes sociales. In: Vida Religiosa Cuaderno monografico (2011); publicado também in: *Missiones Extranjeras* (2011) 244,498-506.

SANTIFICAÇÃO da mente no pensamento de Padre Alberione. In: *O Cooperador paulino*, São Paulo (2011) 96,10-11.

UMA MENTE santificada na era digital. In: O Cooperador paulino, São Paulo (2011) 98,10-11.

VERDADE e ideal, um projeto entusiasmante de vida. In: *O Cooperador paulino*, São Paulo (2011) 97,10-11.

Impresso na gráfica da
Pia Sociedade Filhas de São Paulo
Via Raposo Tavares, km 19,145
05577-300 - São Paulo, SP - Brasil - 2012